Max Schmid

Die Darstellung der Geburt Christi in der bildenden Kunst

Max Schmid

Die Darstellung der Geburt Christi in der bildenden Kunst

ISBN/EAN: 9783743425941

Hergestellt in Europa, USA, Kanada, Australien, Japan

Cover: Foto ©Lupo / pixelio.de

Manufactured and distributed by brebook publishing software
(www.brebook.com)

Max Schmid

Die Darstellung der Geburt Christi in der bildenden Kunst

Die Darstellung

der

Geburt Christi

in der

bildenden Kunst.

Entwicklungsgeschichtliche Studie

von

Dr. Max Schmid.

Mit 63 Illustrationen.

- ⋅≻⋅

Stuttgart.

Verlag von Julius Hoffmann.

1890.

Vorwort.

Vorliegende Arbeit enthält den ersten Teil einer „Entwicklungs-geschichte der Geburt Christi in der bildenden Kunst bis zum Tre-cento". Derselbe umfasst die Geburtsdarstellungen der altchristlich-weströmischen (bis zur Karolingerzeit) und der oströmisch-byzan-tinischen Kunst. Ich glaubte diesen Teil als eine in sich geschlossene Einheit insofern behandeln zu dürfen, als darin die Grundlagen für die Dar-stellung der mittelalterlichen Typenentwicklung geliefert sind, deren Schilderung im zweiten Teile folgen soll. Vorarbeiten waren nur in beschränktem Umfange vorhanden. Eine ausführliche Monographie der Typenentwicklung [1]) der Geburt Christi fehlt, doch ist das Thema bereits einmal kurz, aber in den Hauptzügen erschöpfend behandelt von E. Dobbert in einem Aufsatze über Duccio [2]), etwas ausführlicher aber unvollständig von Baldoria [3]). Weitere Beiträge finden sich in einigen Handbüchern unter dem Artikel „Geburt" resp. „Nativité", so bes. bei F. X. Kraus [4]), ferner

---

[1]) Den vielbenutzten Termin techn. „Ikonographie" habe ich wegen seiner Doppelsinnigkeit zu vermeiden gesucht.

[2]) E. Dobbert, Duccios Bild „die Geburt Christi". Jahrb. der kgl. preuss. Kunstsamml. VI. (1885), p. 158 vgl. auch E. Dobbert, über den Stil Niccolo Pisanos, München 1873. p. 38.

[3]) Baldoria, la nascita di Cristo etc. im Jahrg. IV. (1886) p. 131 der Zeit-schrift „l'Italia artistica illustrata". Für die Gelegenheit noch vor Abschluss meiner Arbeit diese Abhandlung einsehen zu können, bin ich Herrn Prof. E. Dobbert, sowie Herrn Dr. Ficker, d. Z. in Rom, zu Danke verpflichtet.

[4]) F. X. Kraus, Encyklopädie der christl. Altertümer II., p. 484; vgl. auch die das. cit. älteren Quellen.

bei Martigny [1]), Guenébault [2]), Grimouard de Saint-Laurent [3]), Rohault de Fleury [4]), Crosnier [5]), Müller-Mothes [6]), Menzel [7]). Wertvoll waren ferner einige Abschnitte der dem Marienleben [8]) gewidmeten Werke von F. v. Lehner [9]), Victor Schultze [10]), Alwin Schultz [11]), Mrs. Jameson [12]), Roh. de Fleury [13]), sowie gelegentliche Exkurse und vereinzelte Notizen bei Piper [14]), Cahier [15]), Garrucci [16]), Zappert [17]) u. a.

Die für einzelne Perioden herangezogenen Spezialwerke werden in den Einleitungen und Anmerkungen der betreffenden Kapitel angeführt, die Nachweise über Abbildungen und Beschreibungen in dem beschreibenden Verzeichnisse aller besprochenen Monumente [18]). Meine Abbildungen sind teils nach den citierten Publikationen, teils nach selbstgefertigten Zeichnungen hergestellt [19]).

Berlin, 1. Januar 1890.

Max Schmid.

[1]) Martigny, Dict. des ant. chrét.
[2]) Guenébault, Dict. p. 200.
[3]) Grimouard de Saint-Laurent, Guide de l'art chrétien, Par. 1872. Bd. IV. p. 121.
[4]) Roh. de Fleury, l'Évangile p. 38 sqq.
[5]) Crosnier, Iconographie chrétienne, Paris 1848.
[6]) Müller-Mothes, Archäol. Wörterbuch.
[7]) Menzel, Christliche Symbolik, 1854. Regensburg.
[8]) De Rossi, Immagini scelte della Beata Vergine Maria, tratte dalle Cat. Rom., Roma 1883 war mir leider nicht zugänglich. Eine kürzlich erschienene Tendenzschrift von Jos. Liell „Darstellung der allerseligsten Jungfrau Maria" Freiburg (Herder) 1887 kann hier übergangen werden.
[9]) F. v. Lehner, die Marienverehrung, 2. Aufl. 1886. bes. p. 283 sqq.
[10]) Victor Schultze, Archäol. Studien über altchristl. Monumente, 1880.
[11]) Alwin Schultz, Legende vom Leben der Jungfrau Maria, Leipzig 1878.
[12]) Mrs. Jameson, Legends of the Madonna, Lond. 1872.
[13]) Roh. de Fleury, La ste. vierge. Paris 1878.
[14]) Piper, der christl. Bilderkreis, Berl. 1852.
[15]) Cahier, Nouv. Mél. d'Archéologie. Paris 1875. p. 92. p. 94.
[16]) Garrucci, Storia dell'arte cristiana. Prato 1872 etc.
[17]) Zappert, Epiphania. Sitzungsbericht der k. k. Akademie zu Wien, phil. hist. Kl. XXI (1856). p. 291 sqq.
[18]) Ich citiere dasselbe im Nachfolgenden als „Katalog".
[19]) Nr. 24, 27, 31, 32, 40ᵃ, 59ᶜ. Die Zeichnungen fertigte ich nach den Originalen der hies. kgl. Bibliothek etc., unter möglichster Wahrung der stilistischen Eigentümlichkeiten.

I n h a l t.

Berichtigungen.

Seite 26. Anm. 5 statt Vgl. Anm. lies Vgl. p. 26 Anm. 7.

Seite 44. Anm. 5 statt ἀντὴν — ἐοϱηϑῆναι lies αὐτὴν — εὑϱηϑῆναι

Seite 45. Anm. 1 statt Nitzch lies Nitzsch.

Seite 49. Anm. 5 statt p. 128 lies p. 114.

Seite 50. Zeile 29 statt VI. Jahrh. lies IV. Jahrh.

Seite 51. Anm. 2 statt 1855 lies 1856.

Seite 51. Anm. 5 statt "Ἡ ϱφασιν — Παχον — εἶναι — Τιυες — lies "Ην φασιν — Πάχων — εἶναι — Τινές. —

Seite 54. Anm. 1 statt p. 9 lies p. 51.

Seite 55. Anm. 3 statt p. 10. Anm. 3, p. 11 Anm. 1 lies p. 52 Anm. 2, 3.

Seite 56. Zeile 1 statt sotteranca lies sotterranea.

Seite 56. Zeile 4 statt der er von, lies der von.

Seite 88. Anm. 3 statt Vgl. p. 48 lies Vgl. p. 90.

Seite 92, Zeile 12, 17 statt Hirtenanbet. lies Hirtenverkündigung.

Seite 104. Zeile 23 statt Matratze lies Matratze (s. aber Kat. Nr. 21, 25, 39).

Katalog.

Vorbemerkung: Der Katalog bezweckt Entlastung des Textes vom rein statistischen Material. Die Beschreibung konnte wegen der jeder Nummer beigegebenen Abbildungen auf das Notwendigste reduziert werden, besonders wo Wiederholungen vorlagen, oder die Stellung (ob en faço oder profil) aus der Zeichnung schon hervorging. Die ausführlichen Quellenangaben sind unvermeidlich, so lange für Kunstwerke der vorliegenden Gattung ein einheitlicher Modus des Citierens noch nicht feststeht.

I. Katakombenkunst.

I. Freskogemälde in einer Grabkammer **des Coemeterii San Sebastiano.**

Vgl. De Rossi im Bullettino di archeol. crist. 1877 p. 141. 1878 p. 58.

Die Bildfläche ist rechteckig, hoch, aber schmal [1]). In der oberen Hälfte das Brustbild eines jungen Mannes, der bartlos, mit langem Haar und Nimbus, vermutlich den jugendlichen Christus darstellt. In der unteren Hälfte liegt auf einem tischartigen Gestell der Jesusknabe, gewickelt, mit Nimbus. Darüber Köpfe von Ochs und Esel.

Das Fresko auf der Wölbung eines Arcosols.

Nach de Rossi wurde dies Coemeterium bereits Anfang des V. Jahrh. verlassen. Heiligenscheine und das Monogramm ☧ machen die Entstehung

des Bildes nicht vor der Mitte des IV. Jahrh. wahrscheinlich [2]).

---

[1]) Im Nachfolgenden werden Flächen dieser Form als „schmales Rechteck" bezeichnet, dagegen langgestreckte, niedrige Flächen als „längliches Rechteck".

[2]) Ueber die Monogramme vgl. F. le Blant, Inscript. chrét. de la Gaule etc. p. XIV. Am vollständigsten bei Kraus, Encyklop. II, 224 sqq. 412 sqq. Vgl. auch V. Schultze, Katakomben, p. 123, p. 247.

1

Gruppe I.

2. Römisches Relief (Fragment eines verlorenen Sark.).

Kraus, Encyklop. II, 484. Garrucci, Storia dell' arte cristiana, Tav. 398,8. Bayet, Mission au Mont Athos, N. 84. Die Inschrift bei de Rossi, Inscr. christ. I, p. 51. N. 73.

Relieffragment, mehr breit als hoch, unten und an beiden Seiten bestossen, die obere Randleiste mit Inschrift.

Links und rechts steht je ein Hirte, einander zugewandt. Zwischen denselben die Vorderteile eines Esels und Ochsen. Rechts unten liegt der Jesusknabe, gewickelt, auf stark zerstörter Unterlage. Die Hirten bartlos, tragen Exomis und Pedum, beide heben erstaunt die Hand [1]), sind vom Knie abwärts bestossen.

Zwischen beiden eine Bruchstelle auf dem Reliefgrund, welche Kraus (Encykl. II, 484) für den Mond hält. Vielleicht Ansatz eines abgebrochenen Pedum, das der linke Hirte trug.

Links Rest einer Baumkrone, (wodurch die Scene begrenzt ist) und eine dieselbe berührende Hand [2]). Dass rechts eine Ergänzung anzunehmen sei, wird durch Vergleich mit Sark. 3 und 4 unwahrscheinlich.

Das Fragment ist datiert durch die Inschrift: Placido et Romulo Co. Das Konsulat des M. Maecius Memmius Placidus und Memmius Romulus fällt in das Jahr 343 p. Chr.[3]).

3. Sarkophagdeckel im Lateranmuseum (gefunden in der Callixtkatak., eingemauert in Villa Borghese).

Bosio p. 287. Aringhi I, p. 615. Bottari, Tav. 85. Garrucci, Tav. 380,4. Schultze N. 14 und 32. Lehner N. 59. Bayet, Miss. au mont Athos. N. 29.

---

[1]) Der links stehende zeigt wohl nicht auf den angeblich vor ihm angebrachten Mond (cf. Kraus). Er macht eher eine Gebärde des Staunens als des Hinweisens.

[2]) Garrucci, a. a. O. Bd. V. p. 115 erklärt sie für die Hand des ersten der herankommenden Magier. Aus einer Hand auf die Gruppe zu schliessen, scheint gewagt; dass die zur Krippe heranschreitenden Magier durch einen Baum von ihr getrennt werden, ist sonst nirgends bezeugt. Ich halte sie für die Hand eines Propheten, vgl. Sark. 7 und 4.

[3]) Vgl. Clinton, Fasti Romani, p. 406. Eine Verwechslung mit gleichlautendem Konsulat ist ausgeschlossen.

3. Sarkoph. - Deckel. Lateran.

Niedriges, langgestrecktes Deckelrelief. Die Scenenreihe beginnt links mit der Anbetung der Magier. Rechts daneben die Anbetung des Kindes. Dasselbe liegt in der Mitte auf einem tischartigen Gestell, das mit einem Tuche bedeckt ist, links und rechts je ein Hirte, zwischen diesen über dem Kinde die Köpfe von Ochs und Esel.

Die Hirten tragen Exomis, hohe Stiefeln, in der Linken das Pedum, der Bärtige links blickt nach oben, hebt erstaunt die Hand, der Rechte ist bartlos.

Die Magieranbetung ist fragmentiert, die linke Ecke des Deckels in Sutri (vgl. de Rossi, bull. 1865, p. 27, 28) mit dem Anfang der Inschrift, aber undatiert. Nach de Rossi V. Jahrh.

4. Sarkophag, Rom, Lateranmuseum.

Bottari, 193. Bosio p. 589. Aringhi II. p. 395. Garrucci, 316, 1.

Längliches Relief. Zwischen Gefangennahme [1]) und Taufe Christi ist die Anbetung des Kindes eingeschaltet.

In der unteren Hälfte liegt das gewickelte Kind auf einem tischartigen, tuchbedeckten Gestell. Darüber die Köpfe von Ochs und Esel. Darüber werden die Oberkörper zweier Hirten sichtbar, beide in Exomis, bartlos. Der Linke trägt Pedum. Links ein Mann in Tunica und Mantel, bartlos, in der Hand eine Schriftrolle, wohl ein Prophet.

Das Relief wird meist mit einem anderen, nicht zugehörigen (Garrucci 384, 6)

---

[1]) Ueber die Bedeutung dieser Scene vgl. Ficker, Darst. d. Apostel, Leipz. 1887 pag. 93, Anm. 2.

verbunden, vgl. Bosio, Aringhi, Bottari, a. O. Garrucci erklärt es
für ein Sarkophagdeckelrelief.

Gruppe II.

5. Sarkophag, Rom, Lateranmuseum.

Lehner, 61. Barbier de Montault, Les Mus. et Gall. de Rome,
pag. 64. Rob. de Fleury, l'Evangile T. I. pl. 19. Bayet, Miss., beschreibt einen gleichen Sark. unter N. 19, während sein Sark. N. 20, vielleicht mit dem Crispinasark. N. 6 identisch ist.

Rechte Hälfte eines länglichen Reliefs. Links ein Ziegeldach,
von hölzernen Stützen getragen. Darunter das Kind, gewickelt, in
geflochtenem Korbe, über demselben links die Köpfe von Ochs und
Esel. Rechts ausserhalb der Hütte steht ein Hirt, en façe, bartlos,
mit Tunica, in der Rechten das Pedum, die Linke staunend erhoben.
Er wendet den Kopf dem Kinde zu. Rechts daneben wird die Scene
durch Bäume abgeschlossen, links durch die Magieranbetung.

6. Sarkophagdeckel, Rom, Lateranmuseum.

Garrucci, 384,5. Lehner, N. 60.

Längliches Relief. Links Anbetung der Magier, rechts Anbetung des Kindes.

Unter dem von Holzstützen getragenen Ziegeldach liegt das
Kind, gewickelt, im geflochtenen Korbe, links der Ochse, rechts der
Esel. Rechts neben der Hütte ein Hirte, bartlos, in Tunica, Hosen,
Stiefeln und Mantel, in der Linken das Pedum, die Rechte staunend
erhoben. Er betrachtet das Kind. Links und rechts das Bild durch
je einen Palmbaum abgeschlossen. Weiter rechts ein Mann in
langem Gewande, mit Schriftrolle, vielleicht ein Prophet.

Inschrift: ☧ Crispina. Wohl aus der zweiten Hälfte des IV. Jahrh.

7. Sarkophag, Mailand, San Celso.

Garrucci, 315,5. De Rossi Bullet. 1865, p. 27. Bayet, Miss., N. 37.

Reliefstreifen, dessen Darstellungen links mit der Krippe beginnen. Auf dem länglichen Relief Strohdach, von korinthischen Säulen getragen. Unter dem Dache auf einem Felsblock das Kind, gewickelt. Davor Ochs und Esel. Rechts über dem Dache Oberkörper eines Mannes, der jung, bartlos, in der Exomis, die Rechte staunend erhebt. In der Linken hält er, Garrucci zufolge, ein Beil. Diese Gestalt entspricht aber völlig den Hirten der übrigen Reliefs.

Wie jene trägt sie Exomis, steht barhaupt mit staunend erhobener Rechten. Sie als Hirten zu betrachten, hindert uns nur die bisher übliche Deutung des Gegenstandes in ihrer Linken. De Rossi [1]), Garrucci [2]) u. a. sehen darin Josephs Attribut, ein kleines Zimmermannsbeil. Josephs Attribut ist aber die Säge [3]), nicht das Beil. Auch ist das moderne, wie das antike Zimmermannsbeil [4]) grösser und breiter, als das hammerartige Instrument auf dem Sark. Endlich

---

[1]) Bull. 1865, p. 25 sqq.

[2]) Garrucci, a. a. O. Bd. V. p. 30.

[3]) Vgl. Kat. N. 51, 52.

[4]) Zimmermannswerkzeug auf einer Grabplatte bei Garrucci Bd. VI., Tav 488.

scheint dieses Beil überhaupt nur eine freie Ergänzung des Zeichners oder eines Sarkophagrestaurators zu sein. Ein Abguss im berliner christl. Museum lässt nur einen Stumpf eines abgebrochenen Stabes erkennen, der weit eher eine Ergänzung als Pedum, denn als Beil zulässt. Ich halte demnach die Figur für einen Hirten[1]).

Rechts Sternauffindung der Magier.

Nach de Rossi Ende des IV. oder Anfang des V. Jahrh., nach Gr. de Saint-Laurent IV. Jahrh.

Gruppe III.

8. Sarkophagdeckel, Mantua, Kathedrale.

Garrucci, 320, 2. Lehner, N. 58.

Längliches Relief. Im Hintergrund Dach auf Holzstützen. Darunter die sogen. Krippe, darin das gewickelte Kind, rechts Ochs und Esel. Weiter rechts ein Hirte, ausschreitend, bartlos, mit Exomis und Pedum, die Rechte staunend erhoben. Links sitzt Maria auf einem Sessel, in Tunica und über den Kopf gelegtem Mantel[2]), den sie mit erhobener Linken fasst. Ueber ihr sechsteiliger Stern. Auf der Schmalseite des Deckels ☧.

[1]) Auch Grim. de St.-Laurent, Guide de l'art chrét. Bd. VI. p. 392 zweifelt an der Benennung als Joseph. Er sieht aber in der Figur einen Engel*), was bei einem Vergleiche derselben mit den analogen Figuren der übrigen Sark. unhaltbar ist.

[2]) Lehner beschreibt auf diesem und nachfolgenden Sark. Maria „bekleidet mit Tunica, Stola und Kopftuch". Das letztere kann ich auf dem Sark. nicht erkennen, vielmehr an seiner Stelle den über das Haupt gelegten Mantel, die Palla oder Pallium (vgl. Weiss, Kostümkunde), nicht Stola, wie v. Lehner anzunehmen scheint. Stola und Tunica sind vielmehr in antiker Zeit nach Müller (vgl. Baumeister, Denkmäl. d. klass. Altertums p. 1840) anliegende Kleider. Vgl. auch Kraus, Encyklop. II, 199 sqq. sub „Stola".

*) Le Blant, Sarc. chrét. de la Gaule p. 47 N. 60 gibt die Beschreibung eines jetzt verlorenen Sark. zu St. Victor; Christus gewickelt in der Krippe, dabei die Magier, oben Engel (!?), unten zwei Tiere. Falls der Erklärer hier (wie Gr. de St.-Laurent) die oben stehenden Hirten mit Engeln verwechselte, könnte die Beschreibung auf einen, dem vorstehenden analogen Sark. passen.

9. Sarkophag, Arles, Museum.

Le Blant, sarc. chrét. d'Arles, p. 31. Pl. 21. Garrucci, 310,4. Lehner, N. 56. Schultze, N. 26. Bayet, N. 41.

Aehnlich wie Sark. N. 8, nur etwas gedrängter und schlechtere Arbeit. Unter dem Dache, dessen Stützen fehlen, steht auf Holzböcken ein geflochtener Korb, darin das gewickelte Kind. Dahinter Ochs und Esel. Rechts der Hirt, bartlos, mit Exomis, die wie Chiton der Magier unten ausgeschnitten ist, in der Linken Pedum, die Rechte staunend erhoben. Rechts sitzt Maria in Tunica und Pallium, dessen über den Kopf gelegten Teil sie fasst. Darüber der Stern. Darunter Magier, den Stern auffindend.

10. Sarkophagfragment, Arles, Museum.

Garrucci, 399,1. Le Blant, Sarc. d'Arles. pl. 18. p. 31. Cahier, Nouv. Mél. d'archéol. 1875, p. 92. Lehner, N. 63.

Aehnlich, wie Sark. N. 8, nur im Gegensinne. Unter dem Schutzdach die Krippe auf Holzböcken, links Ochs und Esel, ein Hirt, bartlos, in Tunica (auf der Abb. bei le Blant unbestimmt gelassen), trägt den Hirtenstab. Rechts Maria, sitzend, die rechte Hälfte ist abgebrochen. Peiresc (s. le Blant a. O.) soll den Sark. noch vollständig abbilden.

Das Relief dürfte, nach der Analogie mit N. 8 und 9 zu urteilen, keine weiteren Personen enthalten haben. Die Arbeit ist schlecht.

Unten die sternfindenden Magier.

11. Sarkophagdeckel, Krypta der Maximinskirche zu St. Maximin in der Provence.

Garrucci 334,3. Lehner, N. 57. Bayet, Miss. N. 40. Roh. de Fleury, l'Év. pl. XXVII. Le Blant, Sarc. de la Gaule pl. 56, Fig. 1 p. 155.

Längliches Relief. Unter dem Schutzdach ein Kasten, auf Holzblöcken ruhend. Darin das gewickelte Kind. Darüber die Köpfe von Ochs und Esel. Rechts neben der Krippe sitzt Maria, Profil nach links, mit übergeschlagenem Bein, bekleidet mit Tunica und über den Kopf gezogenem Pallium. Der Kopf ist auf die rechte Hand gestützt, die Linke ruht im Schoss. Links die Magier.

12. Sarkophagdeckel, Ancona, Kathedrale.

Garrucci 326,1 (Das. ältere Litteratur). Lehner N. 55. Schultze N. 34.

Längliches Relief, ähnlich N. 11. Schutzdach. Krippe mit Rücklehne auf Holzböcken, dabei Esel und Ochs, hinter letzterem

der Oberkörper eines Hirten, mit Exomis und Pedum, die Rechte ist staunend erhoben. Links sitzt Maria mit Tunica und Pallium, stützt den Kopf mit der Linken. Rechts Magier. Der Stern fehlt.

Auf dem Deckel Inschrift: T. L. Gorgonius uc ex comite largitionum privatarum exp. pret. fie. sibi ius. Der Sarkophag vom Ende des IV. Jahrh.

13. Sarkophagdeckel, Fragment, Rom.

Gefunden an der Via Appia nahe bei S. Sebastiano, den jetzigen Standort nennen Garrucci, Lehner, Schultze nicht, doch

scheint das Relief mit dem bei Liell, a. a. O. p. 259, Fig. 35 citierten identisch, und sich jetzt in der Sammlung des deutschen
Campo santo zu befinden.

Bosio p. 289. Aringhi I. 617. Bottari II, T. 86. Garrucci,
398,7. Schultze, N. 15. Lehner, N. 52. Kraus, R. S. p. 323, 231.
Grousset, Katal. N. 105. Bayet, Miss. N. 31.

Das längliche Relief zerfällt in **drei** Gruppen. Mittelgruppe: Krippe. Links: Magier. Rechts: Maria und Hirte.

In der Mittelgruppe unter dem Ziegeldach in einem geflochtenen Korbe das Kind, gewickelt, daneben links Ochs und Esel.
Rechts: Zunächst der Hirte, kahlköpfig und bärtig, in der Tunica,
die geschürzt und an der Seite geschlitzt ist, in der Linken das
Pedum, die Rechte staunend erhoben. Rechts neben ihm Maria,
³/₄ Profil nach links, auf einem Felsen sitzend, in Tunica und
Pallium. Sie wendet das gesenkte Haupt von der Krippe ab, stützt
die Linke auf den Felsen, greift mit der Rechten in die Falten des
den Kopf bedeckenden Mantels. Auf der linken Seite die Magier,
vor ihnen der Stern.

14. Sarkophagdeckel, Rom. Gefunden unter dem Pflaster der vatican. Basilika, jetziger Aufenthalt unbekannt (vgl. N. 15).

Ciampini, Vet. Monim. T. II. cap. 3. Tav. III. G. Bosio, p. 63.
Aringhi I, pag. 295. Bottari, Tav. 22. Garrucci, 334,2. Lehner,
N. 51. Kraus, R. S. p. 331. Bayet, N. 32.

Längliches Relief, wie N. 13 in drei Gruppen zerfallend.
Mittelgruppe: Unter dem Ziegeldach rechts geflochtener Korb,

darin das Kind, gewickelt, links Ochs und Esel. Rechts: Neben der Hütte ein Hirte, in kurzer Tunica und Pedum, bärtig, hebt erstaunt die Rechte. Rechts neben ihm Maria, wie auf N. 13, aber zwischen zwei Palmen. Links: Magier, heranschreitend.

14ᵃ. Sarkophagdeckel, Original verschollen.

Le Blant, Sarc. de la Gaule, p. 52 N. 71.

Abgebildet das. nach der Skizze Peiresc's in dem Manuskr. 9530 (Fol. 54) der Bibl. nat. de Paris, fond. franç. Ein Fundort ist von Peiresc nicht angegeben. Le Blant vermutet provençalischen Ursprung. Ich glaube, dass die Zeichnung nach dem gleichen Original wie die Zeichnung N. 14 meines Kataloges angefertigt wurde, vermute nach der Uebereinstimmung mit N. 13—14 röm. Ursprung.

15. Sarkophagdeckel, Fragment, Lateranmuseum.

Garrucci, 398,5. Lehner, N. 51. Bayet, N. 22.

Form und Komposition wie bei N. 13 und 14[1]). Mittelgruppe: Ziegeldach, darunter im Strohkorb das gewickelte Kind.

---

[1]) Das Relief könnte identisch sein mit N. 14, dessen Original nach Garrucci's Angabe verschollen, und nur aus flüchtigen Zeichnungen der älteren Rom.-Sott.-Werke bekannt ist, vgl. auch Schultze, sub N. 10. v. Lehner bezweifelt das, ebenso de Rossi, bull. 1865, p. 29. Auch schliesst das Relief N. 14 nach links mit einem Putto, N. 15 mit einem Kamel ab, was nicht für die Identität spricht. Ferner ist das Lateranfragment (nach Schultze) in S. S. Pietro e Marcellino, Relief N. 14 (nach Garrucci) in der vatican. Basilica gefunden. Vermutlich liegen zwei Exemplare desselben Typus vor.

Ochs und Esel. Rechts: Der Hirte, bartlos, mit Exomis und Pedum, die Rechte staunend erhoben. Rechts neben ihm Maria, Oberkörper en face, der Kopf abgewendet, die Linke aufgestützt, wie bei N. 13 und 14. Sitzt zwischen zwei Bäumen auf dem Felsen. Links: Magier, Gaben darbringend, der erste zeigt den Stern (vgl. N. 13).

16. Sarkophagdeckel, Syracus, Museum. Gefunden 1872 im Coemeterium San Giovanni.

Die kleinere Litteratur bei Le Blant, Revue archéol. Dec. 1877. Garrucci, 365,1. Lehner, N. 53. Schultze, N. 30ᵃ. De Rossi, Bullet. 1872. p. 81. Gazette archéol. V. pl. 25.

Form und Komposition wie bei N. 13—15. Mittelgruppe: Ziegeldach, darunter Korb mit gewickeltem Kinde, Ochs und Esel.

Auf der rechten Seite der Hirt, bartlos, mit Exomis und Pedum, die Rechte staunend erhoben. Er wendet, en face stehend, den Kopf zu der rechts, auch en face sitzenden Maria. Diese, wie sonst in Tunica und Pallium, stützt sich mit der Linken auf den Felsen, wendet aber den Kopf wieder dem Hirten zu. Links: Magier, der erste zeigt den Stern.

Garrucci und Schultze erklären den damit vereinten Sark. für zugehörig. Nach Garrucci V. Jahrh., nach de Rossi zweite Hälfte des IV. oder Anfang des V. Jahrh. Aufgemalt das Monogramm Aℱω. Auf dem Deckel Inschrift: IC ADELFIA C.F. POSITA CONPAP BALERI COMITIS.

Gruppe VI. Nachtrag.

17. Sarkophag, Schmalseite, St. Trophimes zu Arles.

Kleinere Litteratur bei le Blant, Étud. und tav. 26. Garrucci 317,4. Lehner, N. 50. Cahier, Nouv. Mél. d'Archéol. 1875. p. 94.

Längliches Relief. Links hl. Familie, rechts, auf sie zuschreitend, die geschenkbringenden Magier. Links: Maria sitzt auf einem Felsen, Profil nach rechts, barfüssig, barhaupt, in Tunica und Pallium. In ihrem Schosse sitzt das bekleidete Kind. Hinter ihr

steht ein bärtiger Mann, in Exomis und Schuhen. Vor ihr lagern Ochs und Esel. R e c h t s: Magier, heranschreitend.

18. Sarkophagdeckel, Schmalseite. San Ambrogio zu Mailand.

Garrucci, 328,2. Kraus, Encyklop. II. p. 484.

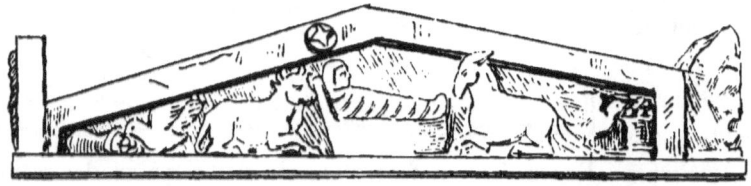

Die Komposition ist in ein dreieckiges Giebelfeld eingeschlossen. In der Mitte das gewickelte Kind in einem länglichen Korb mit hoher Rückwand. Darüber der Stern, links und rechts Ochs und Esel, knieend. Auf der Gegenseite die Inschrift A⳨ω.

19. Deckelfragment, Rom, Lateranmuseum.

Garrucci, 398,6. Lehner, N. 62. Schultze N. 33. Bayet N. 21.

Das Fragment ist unten und an beiden Seiten bestossen. Unter dem Ziegeldach das gewickelte Kind in der Krippe, darüber der Kopf des Esels, rechts oben Stern. Rechts sitzt Maria in Tunica und Pallium, stützt das Kinn auf den rechten Arm, der auf dem Knie ruht (vgl. N. 11).

20. Sarkophag, Villa Doria Panfili. [1]

Grousset, Étude des sarc. chrét., Kat. N. 80.

Von links drei Magier im Laufschritt mit flatternden Gewändern. Rechts ist eine Kline aufgestellt, mit einer Decke behängt, so dass nur der linke Fuss des Gestelles sichtbar wird. Darauf liegt Maria, nach links, auf den linken Arm gestützt, in Tunica und Mantel, letzterer wie ein Schleier über den Kopf gezogen. Auf ihren Knieen hält sie das Kind, das nach ihr zurückblickt und mit der Rechten nach ihr greift. Stil des V. Jahrh. Dargestellt ist hier wohl nicht Geburt, sondern Magieranbetung, wobei Maria ausnahmsweise liegt. Einen Zusammenhang mit der seit dem VI. Jahrh. bei der Geburt liegend gebildeten Madonna vermag ich nicht anzunehmen. Der Künstler scheint willkürlich statt der thronenden Frau eine liegende gebildet zu haben, vermutlich nach irgend einem antiken Relief (Aehnlich z. B. Museo Pio-Clement. IV, Tav. 37 die auf der Kline liegende Mutter u. a.).

II. Byzantinische Kunst.

A. Miniaturen und Gemälde.

21. Syrischer Codex der Bibl. Laurentiana zu Florenz (Cod. Syr. N. 56).

Assemanni Bibl. Medie. Laur. et Palat. Codd. mss. orient. Catal. cur. Ant. Fr. Gorio. Flor. 1742. Garrucci, 130,2. Grim. de Saint-Laurent Guide de l'art chrét. Bd. VI. p. 348. Roh. de Fleury, l'Évangile Bd. I., pl. XI. Kondakoff, Hist. de l'art byz. p. 121 sqq.

Schmales Miniaturbild am rechten Blattrand. In der Mitte liegt das Kind, gewickelt und nimbiert, auf einem Lager [2]. Links darüber erscheint der

[1] Die genaue Beschreibung verdanke ich der freundlichen Bemühung des Herrn Dr. Fieker in Rom.

[2] Das Lager, rosa mit roter Oberfläche, scheint eher ein hölzernes, bemaltes Ruhebett, als eine Krippe darzustellen.

Oberkörper eines nimbierten [1]) Mannes, der die Rechte staunend erhebt und sich zu dem Kinde herabbeugt. Vorne links sitzt Maria, en face, ihre linke Hand ruht im Schosse, die andere greift nach dem Kopftuch. Im Hintergrund ist der Raum durch einen Rundbogen überspannt und durch einen Vorhang geschlossen.

Der syrische Codex wurde von dem syr. Kalligraphen Rabula im Kloster St. Johann zu Zagba 586 vollendet, kam im XI. Jahrh. in das Kloster Sta. Maria in Maiphue [2]), dann in das Kloster St. Maria in Kannubbia [3]), 1497 in die Laurentiana zu Florenz.

22. Armenisches Manuscript aus dem Kollegium der Armenier in San Lazzaro zu Venedig.

Roh. de Fleury, l'Év. Bd. I., pl. XI., N. 3.

Quadratische Fläche. In der Mitte die Höhle mit Maria und dem Kinde. Maria lagert auf der Matratze, nach links im

---

[1]) Die Person hinter dem Bett dürfte Joseph darstellen und nicht einen ungeflügelten Engel, wie Gr. de Saint-Laurent glaubt. Die Engel werden in diesem Codex geflügelt dargestellt.

[2]) Nach Kondakoff „Notre Dame de Botra".

[3]) Bei Kondakoff „Kannubbin".

Profil, Kopf en face, der linke Arm ist aufgestützt. Links über ihrem Polster liegt in einem Kasten das gewickelte Kind.

Oben über der Höhle links zwei anbetende geflügelte Engel, rechts ein gleicher, der den Hirten verkündet.

Unten rechts eine Amme, welche das Kind in einer Schale badet, daneben ein Krug. Links unten in der Ecke sitzt Josef, Profil nach links, der zur Maria zurückgewandte Kopf ist auf die Hand gestützt.

Madonna, Kind, Josef, Engel nimbiert.

Nach de Fleury die Handschrift vom Jahre 770.

23. Griechisches Manuscript von San Marco [1]).

Roh. de Fleury, l'Évang. Bd. I. Pl. XII. N. 1. p. 45.

Miniatur, oben im Halbkreis abgeschlossen. In der Mitte Hügel mit Höhle, darin die viereckige kastenartige Krippe mit dem gewickelten Kind, darüber Ochs und Esel. Links neben der Krippe liegt Maria auf der Matratze, Körper im Profil nach links, Kopf und Hand zum Kinde wendend.

Ueber der Krippe ein gewaltiger Stern [2]), den jederseits ein geflügelter Engel verehrt. Ein gleicher verkündet links den

---

[1]) Identisch mit dem von Kondakoff, a. a. O. p. 160, ohne weitere Beschreibung erwähnten Manuscr. Cl. I. Cod. 8 der Marciana?

[2]) Der Stern erscheint hier doppelt. Von einer halbrunden Scheibe fallen Strahlen herab, auf denen ein kleiner Stern schwebt. Die Form kehrt mehrfach wieder.

zwei Hirten. Rechts unten in der Ecke Josef, en face, kauernd. Links Badescene (2 Ammen).

Das Manuscr. nach de Fleury aus dem VIII. Jahrh.

Beischrift: H XΥ ΓΕΝΗCHC

24. Evangelistar. et Menologium graecum. Ms. der Hamilton-Samml., jetzt Kgl. Biblioth. zu Berlin, vgl. Katal. von v. Seydlitz, Repertor. 1883.

Ueberhöhter Rundbogen. In der Mitte liegt die Madonna auf der Matratze, Profil nach l. Ueber ihr das Kind in der Krippe, mit Ochs, Esel und Stern, links daneben ein Engel.

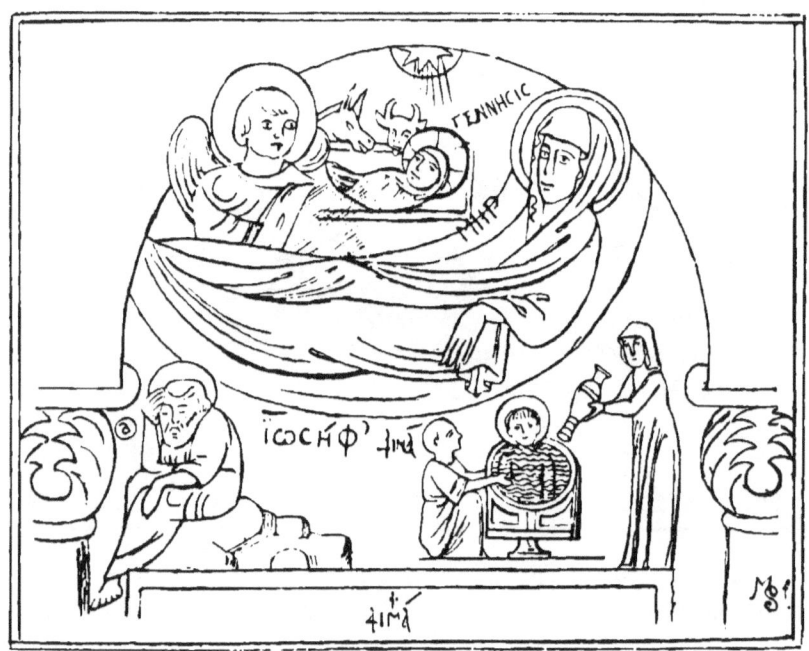

Unten: Links Josef, rechts Badescene (2 Ammen).

Beischrift: ΓΕΝΝHCIC sowie Namensbezeichnungen.

Die Darstellung ist in den Rundbogen über der Can. Tafel eingefügt, und wohl darum die Bezeichnung der Höhle unterlassen.

Manuscr. aus dem X. Jahrh.

25. Menologium graecum vaticanum. Vatican. Biblioth. N. 1613.

Menologium Graec., iussu Basilii imp. graece olim ed. nunc primum graec. et lat. ed. studio et op. Card. A. Albani. Urbini 1727. 3 voll. Fol. Agincourt, Pitt. 31,33. Roh. de Fleury, La ste. vierge, Bd. I. tav. 20.

Längliches Rechteck. In der Mitte eines Hügels die Höhle. Davor die hohe, viereckige, gemauerte Krippe, darauf das gewickelte Kind, auf das Ochs und Esel herabblicken. Links neben der Krippe sitzt Maria, Profil nach r., die rechte Hand etwas erhebend, das Haupt zum Kinde geneigt. Ueber der Krippe der grosse Stern,

neben dessen herabfallenden Strahlen jederseits ein Engel anbetet. Rechts verkündet ein grösserer Engel mit dem Stabe einem rechts unten stehenden Hirten, der alt, langbärtig, mit umgelegtem zottigen Fell sich auf den Stab stützt. Vor ihm zwei Böcke. Vorn unter der Krippe Badescene (eine Amme, neben ihr ein Krug). Links vorn sitzt Joseph, rückwärts blickend. Gute, fast klassische Zeichnung, reichliche Terrainangaben, Baum, Blumen, Beischrift:

Ἡ ἀναμνηcιc τῆc γεννήcεωc τοῦ κῦ ἡμῶν

Das Manuskr. ist laut Vorwort für Kaiser Basilius ausgemalt, wahrscheinlich für Basilius II. Porphyrogenetos (976—1025). Vgl. Agincourt a. a. O.

26. Vatican. Manuskr. Nr. 1156.

Roh. de Fleury. La ste. vierge Bd. I. Tav. 24. Die Hirtengruppe scheint auch abgeb. bei Agincourt, Pitt. Tav. 57, 7.

Quadratisches Bild, sehr flüchtig gearbeitet, ohne Terrainangaben. Links oben Maria auf der Matratze nach rechts im Profil, Kopf

en face, über ihr die Krippe mit dem Kinde, Ochs und Esel. Darunter Joseph. Rechts stehen drei Hirten, anbetend. Der erste im zottigen Pelz und Stab, dahinter der zweite mit Rock, Mantel und Mütze, darüber der dritte barhaupt, auf den Stern weisend (der nicht abgebildet, aber wohl zu ergänzen ist).

Agincourt bildet darunter noch Hund und Lamm ab.

XI. Jahrh. (nach Agincourt XII. Jahrh.).

27. Evangelistar graec. Samml. **Hamilton.** N. 119. Jetzt Kgl. Kupferstichkabinett zu Berlin.

v. Seydlitz Katal., Repert. 1883, N. 7.

Längliches Rechteck. Hügel, darin Höhle. In dieser liegt die Madonna. Ueber dem Hügel sechs Engel. Ein siebenter rechts verkündet zwei Hirten. Vor den Hirten eine Ziege. Die Krippe nebst Zubehör fehlt, statt dessen füllen den Vordergrund links eine Versammlung von 6 stehenden und 3 sitzenden Personen, deren eine durch Nimbus und Flügel als Engel bezeichnet ist. Ueberschrift: Η ΧΥ ΓΕΝΝΗСΙС. Zeit: XI. Jahrh.

Diese Miniatur findet sich in der zweiten Hälfte des Evangelistars, das mit 8 Bildern aus dem Leben Mariae geschmückt ist. Die 1. vordere Hälfte des Geburtsbildes zeigt durch Einführung der oben erwähnten Figurengruppe eine sonst nirgends wiederholte Abweichung vom üblichen Schema. Das Bild scheint mir durch spätere Uebermalung entstellt zu sein. Nur die Gruppe der Hirten, des ihnen verkündenden Engels und der Oberkörper der Maria zeigen die transparenten, lasierten Farbentöne, nur die Gewänder dieser Figuren die byzantinische, minutiöse Technik, welche den sieben übrigen Bildern eigentümlich sind. Die Gruppe links dagegen ist auf schmutzig braunem, stark deckendem Grunde ausgeführt, in breiter Pinselführung und ohne die sonst angewandten goldenen Lichter. Zum Teil sind bei der Gelegenheit auch die Gewänder und Köpfe der Engel, sowie das Gewand der Maria übergangen und der Goldgrund renoviert. Somit ist es auch erklärlich, warum die Vordergrundfiguren nicht nur in der Technik, sondern auch in den Proportionen, in Kostüm und

Faltengebung völlig abweichen. Ein italienischer Miniator scheint die grössere linke Hälfte des lädierten Bildes mit Deckfarben restauriert zu haben.

Ursprünglich dürften statt der neun Zuschauer die Krippe mit den Tieren und der sitzende Joseph die linke Hälfte gefüllt haben, vielleicht auch die Badescene. An Stelle des mittleren Engels stand wohl der Stern.

28. Byzantinischer Psalter. Samml. des Dr. Comarmont zu Lyon.

Du Sommerard, les arts au moyen âge. Ser. VIII. Tav. 12.

Schmale, rechteckige Fläche. In der Mitte vor der Höhle liegt die Madonna halb aufgerichtet auf der Matratze, Profil nach links, Kopf en face, die Rechte erhoben, auf die Linke gestützt. Links über ihr in der Höhle die Krippe, darin das Kind, dabei Ochs und Esel. Rechts neben Maria Joseph. Ueber der Höhle der Stern und daneben acht Engel mit Sceptern. Unten Badescene (zwei Ammen).

Der Name des Malers, Basilius, auf der letzten Seite des Codex. Nach du Sommerard XI.—XII. Jahrh.

28. Psalter. Lyon.

29. Griechisches Manuskr. der Pariser National-Bibliothek
N. 74. Fol. 4.

Rob. de Fleury, La ste. vierge. Bd. I. Tav. 15.

Längliches Rechteck. Das Terrain erhebt sich in der Mitte
in Form eines Hügels, darin Höhle, vor welcher die Madonna auf
der Matratze mit aufgerichtetem Oberkörper lagert. Sie erhebt die
Rechte zur Krippe rechts neben ihr, in welcher das Kind ruht, dabei Ochs und Esel. Oben der Stern über dem Hügel, links reiten
die drei Magier im Galopp mit fliegenden Mänteln herzu, rechts

verkündet ein Engel den zwei Hirten, deren Herde durch zwei Tiere angedeutet ist. Unter der Krippe vorn rechts Badescene (zwei

Ammen), links vorn Joseph, zur Maria umschauend. Beischrift:

Ñ XŸ Γ‹‹"

Nach Roh. de Fleury XI. Jahrh.

30. Griechisches Evangeliar der Vaticana N. 2.

Agincourt, Pitt. Tav. 59,3. Roh. de Fleury, l'évangile p. 47.

Schmales Rechteck, fast bis oben von hügligem Terrain erfüllt. In der Mitte vor einer Höhle in der gemauerten Krippe das Kind, gewickelt, darüber Ochs und Esel. Links daneben die Madonna auf der Matratze, Profil nach l., Oberkörper aufgerichtet, Kopf und beide Hände zur Krippe gewandt. Links neben Maria die drei Magier zu Fuss, mit den Gaben, rechts neben der Krippe ein Engel und die zwei Hirten, denen er verkündet. Oben über dem Hügel der Stern in der Doppelgestalt (vgl. N. 23), in dessen oberer Scheibe Engel schweben. Links und rechts neben dem Stern je eine anbetende Engelschar. Unten rechts Badescene, links sitzt Joseph.

Beischrift: H XY ΓENNHCIC

Das Manuskr. wurde für einen griechischen Prinzen des comnenischen Hauses, Johannes II., gearbeitet, und zeigt sorgfältige, antikisierende Ausführung. 1128 wurde es, wie aus einer Randnotiz hervorgeht, verkauft, geht dann in den Besitz der Herzöge von Urbino, endlich in die Vaticana über.

30. Evangel Vatikan.

31. Evangeliar der Kgl. Bibliothek zu Berlin, Cod. membr. Ms. graec. N. 66. p. 9.

Längliches Rechteck, das ein Hügel fast ausfüllt. In diesem die Höhle, und vor dieser die Madonna en face auf dem Polster. Links neben ihr die Krippe mit dem Kinde und den Tieren. Dar- über der Stern, neben dem, rechts und links, je ein Engel an- betet. Links die drei Magier, rechts verkündet ein Engel zwei

Hirten. Unten rechts Badescene, unten links Joseph auf einem Stuhle. XII. Jahrh.

32. Breviarium graeco-latinum, Sammlung Hamilton N. 119.

Jetzt Berl. Kupferstich-Kab.

N. 9 des v. Seydlitz'schen Kataloges.

Längliches Rechteck, Felsenterrain. Rechts liegt die Madonna vor der Höhle auf der Matratze, Profil n. l., links darüber in einer

zweiten Höhle die Krippe mit dem Kinde, dabei Ochs und Esel, darüber der Stern, links vorn sitzt Joseph auf einem Felsblock.

Das Manuskr. in zwei Kolumnen geschrieben, links griech., rechts lat. Text, enthält p. 45—268 die Psalmen. Die Illustrationen nehmen den breiten Rand der Blätter ein, sind ungemein zahlreich, sehr flott und sicher skizziert, leicht koloriert[1]). Als Illustration zu Ps. II, 7 „Filius meus es tu, ego hodie genui te" ist obige Geburt Chr. in verkürzter Form gegeben (p. 46).

Das Ms. stammt aus dem XIII. Jahrh., gelangte später in den Besitz der Charlotte von Bourbon († 1434).

33. Mosaiktafel des Baptisteriums zu Florenz, jetzt in der Opera del duomo.

Gori, Thes. vet. dipt. Bd. III. Tav. I, p. 334.

Quadratische Fläche, fast ganz von einem Hügel erfüllt, in demselben eine Höhle. Vor der Höhle Maria, Profil nach links auf dem Polster, der Kopf ist nach rechts zur Krippe gewandt. An der Krippe fehlen die Tiere (?). Links neben Maria die Magier. Oben der Stern, links davon die Engel, rechts Hirtenverkündigung. Unten links Joseph, rechts Badescene.

Nach Unger (bei Ersch und Gruber, Encyklop. Bd. 84, p.526) Geschenk der Niccolita de Grionibus aus Venedig, einer Witwe eines Kämmerers des Kantakuzenos. Vgl. auch Rumohr, Ital. Forsch. Bd. I. 304.

34. Gemälde im Kloster Charnoxineti im Kaukasus.

Bayet, l'art. byz. p. 289.

Hügel, darin Höhle. Vor derselben sitzt die Madonna neben der Krippe mit dem Kind.

---

[1]) Eine andere Miniatur dieses Ms. bei Voss, jüngstes Gericht, p. 52 im Lichtdruck reproduziert.

Links Magier, rechts Hirten, denen ein Engel verkündet. Ueber dem Hügel der Stern, links daneben ein Engelchor. Unten Joseph, Badescene und Lämmer. Undatiert.

III. Bronzen, Elfenbeine, Emails und geschnittene Steine.

35. Metallampulla in Monza.

Frisi, Memorie storiche di Monza, Milano 1794. 3 Bde. 4°. Garrucci, 433, 7 und 433, 8. Vol. VI. p. 48.

Kreisrundes Relief durch eine horizontale Wolkenbank geteilt. In der unteren Hälfte liegt rechts Maria auf der Matratze, links Joseph, Profil nach r., das Haupt stützend, zwischen beiden wird ein Thor sichtbar. Oben liegt auf der Wolkenbank das gewickelte Kind zwischen Ochs und Esel, darüber Stern.

Auf der Vorderseite der Ampulla ist Anbetung der Magier und Hirtenverkündigung vereint.

Im Kathedralschatze zu Monza befinden sich einige Glasflaschen und 16 Metallflaschen, augenscheinlich griechischer Arbeit. Die Metallflaschen enthalten Darstellungen aus dem Leben Chr., darunter die Geburt. In den bei Frisi abgedruckten Kircheninventaren der Kathedrale von 1275, 1350, 1353 fehlen dieselben noch. Im Inventar des Carlo Borromeo[1]) vom Jahre 1602 werden 12 vasa stagni, 27 vasa vitrea „Chrismate S.S. Apostolorum plena" angeführt, jedoch ohne Angabe ihrer Provenienz. Es sind das wohl die oben erwähnten Flaschen, welche zu Frisi's Zeiten von neuem entdeckt und seitdem besser aufbewahrt wurden. Sie galten nunmehr als die vom Papst Gregor der Longobardenkönigin Theodolinde mit hl. Oel von den Gräbern der Märtyrer gesandte Gefässe[2]).

Frisi stützt diese Behauptung erstens auf das Zeugnis des Paulus Diaconus über den Verkehr zwischen Papst Gregor und der Königin Theodolinde. Ferner auf ein Schreiben[3]), dessen Unter-

---

[1]) Abgedruckt bei Frisi, a. a. O. p. 257.
[2]) Frisi, Tom. I. p. 20 sqq. p. 43.
[3]) Bei Frisi, p. 20–23.

schrift aber im besten Falle nur beweist, dass Gregor der Königin geweihtes Oel gesandt hat[1]), jedoch über die Metallampullen nichts enthält. Drittens auf die Inschrift einer Flasche, welche geweihtes Oel als deren Inhalt angiebt[2]). Wenn auch danach ihre Verwendung zum genannten Zwecke nicht ganz bewiesen ist, so scheint es, in Rücksicht auf die nachweislichen Beziehungen zwischen Rom und Monza, doch möglich, dass die Ampullen als Geschenke Papst Gregors an die Longobardenfürstin um 584 gelangten. Jedenfalls widerspricht weder ihr stilistischer noch ihr ikonographischer[3]) Charakter der Annahme, dass sie in den Kronschatz zu Monza in jener Blütezeit der Stadt, wohl vor 600, gekommen sind.

Ihr oström. Ursprung dürfte sich aus den griech. Beischriften ergeben[4]), ebenso ihre Bestimmung als palästinensische Reliquienhüllen[5]). Die Ampullen dürften danach als oström. Arbeiten etwa vom Ausgang des VI. Jahrh. zu betrachten sein.

35 a. Bronzethür von San Paolo fuori le mura zu Rom.

Ciampini, Vet. mon. Bd. I, T. 18, p. 35. Roh. de Fleury, l'Évangile, p. 17. Agincourt, Bd. II, Tav. XIV, 10. Bayet, l'art. byz. p. 204.

Die Thüre ist aus schmalen, rechteckigen Platten zusammengesetzt, welche Darstellungen aus dem Leben Chr. enthalten, darunter auch die Geburt. In der Mitte Hügel mit Höhle. Davor Maria auf der Matratze ausgestreckt, mit Kopf und Oberkörper rückwärts gewandt. Die Rechte ist gegen ein rechts vor ihr weidendes Lamm[6]) ausgestreckt. Ueber der Madonna die viereckige Krippe

[1]) Vielleicht nur in jenen gleichzeitig wieder entdeckten Glasflaschen.

[2]) ΕΛΑΙΟΝ ΞΥΛΟΥ ΖΩΗΣ ΤΩΝ ΑΓΙΩΝ ΧΥ ΤΟΠΩΝ.
ΕΥΛΟΓΙΑ ΚΥΡΙΟΥ ΤΩΝ ΑΓΙΩΝ ΧΡΙΣΤΟΥ ΤΟΠΩΝ.
Marini (vgl. Garrucci Vol. II. p. 46 sqq.) bestreitet trotzdem die Möglichkeit der Verwendung der Metallgefässe zum Oeltransport.

[3]) Vgl. besonders die Kreuzigung. Abb. bei Garrucci, 433, 8.

[4]) Bayet, l'art byz. p. 96: „la provenance (sc. byzant.) des bijoux de Monza est certaine". Strzygowski, Taufe Christi, p. 17, giebt nur die „Möglichkeit griech. Vorbilder" zu. Diese ist unleugbar, da die Taufe auf den Ampullen ganz dem früheren byz. Typus der Taufe entspricht (vgl. auch Strzygowski, p. 14).

[5]) Vgl. Anm. 4.

[6]) Roh. de Fleury, a. a. O. p. 47 hält das Tier für einen Hasen, und sieht

mit dem gewickelten Kinde. Ueber dem Hügel links die Oberkörper dreier anbetender Engel, rechts der verkündende Engel und
zwei staunende Hirten. Dazwischen der Sonnenstern, dessen Strahlen-
bündel auf die Krippe
fällt. Unten links
Joseph, rechts Bade-
scene.

Beischrift:

H XV̄ ΓΕΝΝΗCΙC
Die Thür ist
laut Inschrift von
Staurakios aus
Konstantinopel
ao. 1070 gegos-
sen (vgl. Springer
in den Mitth. der
K. K. Central-Kom.,
1862, p. 7). Ueber
die Technik vgl.
Unger (bei Ersch
und Gruber, Ency-
klop. Bd. 84, p. 438
sqq.). Ein Verzeich-
nis aller bekannten
Bronzethüren bei

Adelung, Korssun'sche Thüren in Nowgorod, p. 143 sqq.

35b. Email der Pala d'oro zu Venedig.

Abb. du Sommerard, les arts au m.-âge Ser. X. pl. 33. Labarte,
Hist. des émaux dans l'ant., p. 27. 45. Labarte, Rech. sur la peint. en
émail. Paris 1856. p. 17—30. R. v. Eitelberger, Repertor. Jahrg. X
(1887) p. 235 sqq. Beschreibung der Geburt, das. p. 241. N. XII. Die
übrigen Quellen bei Labarte und Eitelberger, dazu Ongania, Basil.
di S. Marco.

Quadratische Fläche. In der Mitte Höhle, davor Maria auf
dem Polster, Profil nach r. Ueber ihr die Krippe. Oben links

darin eine symbol. Verjagung der Unkeuschheit durch die jungfräuliche Mutter
Chr. Es ist aber das zu den oben stehenden Hirten gehörige Lamm.

Engel, rechts Hirtenverkündigung. Unten links Joseph, rechts ein Hirte, dazwischen die Badescene.

Dass die Darstellung der Geburt auf der Pala d'oro trotz der, wohl später beigefügten latein. Inschriften byzant. Ursprungs ist, ergibt sich aus dem Stile dieser und der zugehörigen Tafeln. Ob sie bereits bei der

²⁵ᵇ Pala d'oro.

ersten Restaurirung unter dem Dogen Falieri (1105) oder später eingefügt wurden, lässt sich nicht mehr ermitteln (vgl. v. Eitelberger, a. a. O. p. 239), jedenfalls gehörte sie nicht dem ersten, unter dem Dogen Orseolo (976) in Byzanz bestellten Teile der Pala an.

36. Elfenbeinplatte, Vatican.

Agincourt, Scult. XII, 14. Westwood, Fict. iv. p. 345, X. 6.

Schmales Rechteck. In der Mitte Maria vor der Höhle auf der Matratze, Profil nach l., der Oberkörper aufgerichtet, Kopf en face, links über ihr die Krippe mit dem Kind und den Tieren. Oben in der Mitte Stern, rechts ein Baum, links drei Engel. An der linken Seite zwei Hirten[1]), darunter vier Lämmer. Unten rechts die Badescene, links Joseph.

Beischrift: ἡ γέννησις.

Früher Samml. d'Agincourt, jetzt Mus. Christian.

des Vatican. Nach Westwood XI. Jahrh.

37. Elfenbein, Ravenna, Museum publ.

Roh. de Fleury, l'Évangile, Bd. 1. pl. XII, 1. Westwood, fict. iv. p. 360, X. 9.

Quadratische Fläche, horizontal dreigeteilt. In der Mitte des Mittelstreifens Maria auf der Matratze ausgestreckt,

[1]) Westwood erklärt den einen Hirten für einen flügellosen Engel. Ein Vergleich mit den Miniat. Kat. N. 27, 30, 31 ergibt, dass er offenbar einen Hirten darstellt, der verkündende Engel aber vergessen ist.

Profil nach links, darüber Krippe mit Kind und Tieren. Neben der
Krippe links ein geflügelter Engel, die drei Magier heranführend,
rechts zwei anbetende Hirten. In der Mitte des oberen Streifens
Stern, links davon drei Engel, rechts drei Engel, deren einer den
Hirten verkündet. Unten die Badescene, links Joseph, rechts zwei
Schafe und ein Hund. Nach Roh. de Fleury aus dem VIII. Jahrh.,
bei Westwood ohne Zeitangabe. Vermutlich Anfang des XII. Jahrh.

38. Elfenbein im Schatze der Basilica di San Ambrogio zu Mailand.

Gori, Thes. dipt. Bd. III. Tav. 31, p. 264. Westwood, Fict. iv.
p. 66. N. 151. Kat. der Arundel Soc. VIIe, p. 41.

Fast quadratische Platte. In der Mitte Maria, Profil nach l.,
auf dem Polster, unter ihr Wolken (?). Links darüber Krippe,

neben der jederseits ein Engel steht. Oben Stern (in Form eines gekrönten Hauptes nach Westwood). Unten links Joseph, rechts statt der zwei Ammen nur Badeschale und Kanne.

Beischrift: IΓENHCH (!) Nach Westwood IX. oder X. Jahrh., nach Strzygowski (p. 22) zwischen 1000 und 1100.

39. Evangelistar-Deckel, Quedlinburg, Schlosskirche.

Steuerwaldt und Virgin. Kunstschätze zu Quedlinburg, Tav. 4. Westwood, Fict. iv. p. 467. Kugler, Kl. Schriften, I, p. 626.

Schmales Rechteck. In der Mitte hohe gemauerte Krippe mit dem gewickelten Kinde, darüber die Köpfe der Tiere. Links Maria, aufgerichtet auf dem Polster, en face, nach rechts zur Krippe gewandt. Rechts neben der Krippe ein Hirt. Oben Stern. Links davon zwei Engel, rechts verkündet ein solcher den Hirten. Unten Joseph zwischen zwei Ziegen.

39 a. Fragment eines Evangeliarien-Deckels.

Gori, Thes. vet. Dipt. Bd. III. Tav. XI.

In der Mitte Krippe mit dem gewickelten Kinde. Darüber die Köpfe der Tiere. Links sitzt Maria, rechts steht ein anbetender Hirte. Oben Stern und beiderseits ein Engel. Unten links Joseph, ein Hirte und ein Lamm.

39 b. Elfenbeintafel des Museo Barberini.

Gori, Thes. vet. Dipt. Bd. III. Tav. 37. p. 289.

In der Mitte vor der Höhle Maria auf dem Polster, Profil nach r. Rechts darüber die Krippe (ohne Tiere). Links Magier. Oben der Stern, links davon zwei Engel, rechts Hirtenverkündigung. Unten links Badescene, unten rechts Joseph. Nach Strzygowski XII. Jahrh.

40. Paste, deren untere Hälfte fehlt.

Kraus, Encyklopädie II, p. 485. Martigny, Dict. des ant. chrét. p. 494. Gr. de Saint-Laurent, a. a. O. p. 132.

Halbkreis. In der Mitte Maria auf der Matratze ausgestreckt, en face, links oben Krippe mit Kind und Tieren, links unten Joseph, rechts unten zwei Ammen (wohl nicht Magier oder Hirten).

Beischrift: HΓЄNNHCHC VI. Jahrh. (?). N. 40a und 40b auf p. 45.

41. Blutjaspis aus Syrien, **Samml. des Duc de Luynes**, jetzt Medaillenkabinett (Paris?).

Garrucci 478, 31.

 Quadratisch. In der Mitte Maria, Profil nach l. Darüber Krippe mit Tieren. Rechts daneben Stern. Links darunter ein Magier zu Pferde. Unten links Joseph, rechts Badescene, dabei ein Hirte und ein Lamm.

Beischrift; H ΓΕΝ

Vermutlich Anfang des XII. Jahrh. oder später.

IV. Russische Gemälde etc.

42. Korssun'sche Thüren in Nowgorod.

Antiq. de l'empire russe. Bd. VI. N. 21, 21.

43. Bronzethür zu Susdal.

Antiq. de l'emp. russe VI, 30.

44. Bronzethür zu Nowgorod.

Antiq. de l'emp. russe VI, 33.

45. Fahne der russischen Hauptarmee von 1654.

Antiq. de l'emp. russe, Suppl. zu Bd. III. (Altrussische Fahnen).

Quadratische Fläche, Felslandschaft. In der Mitte vor der Höhle liegt Maria auf dem Polster, aufgerichtet, en face. Links neben ihr Krippe mit Kind und Tieren. Links Magier, rechts zwei Hirten. Oben Stern, von einem Engel getragen, links zwei adorierende Engel, rechts einer. Unten rechts Badescene, links Joseph und ein Heiliger.

46. Metallrelief.

Antiq. de l'emp. russe I, 107.

47. Panagia, München.

Abguss im berliner christlichen Mus. (Universität).

Kreisform. Hügel mit Höhle. In dieser
Krippe mit Kind und Tieren. Rechts Maria auf
dem Polster, links Magier. Oben Stern (?) und
Engel (?). Unten Joseph und eine badende
Amme.

48. Panagia, Vatican.

Westwood. N. 73, 56. p. 99.

Kreisform. Anordnung wie bei N. 49.
Aber vor Joseph noch ein Heiliger, dagegen eine
Amme fortgelassen, ebenso die Hirten (?).

49. Geschnitztes Holzkreuz der kaiserl. Bibliothek.

Antiq. de l'emp. russe. Bd. I. N. 33.

Rechteck, oben mit Spitzbogen abgeschlossen. In der Mitte Hügel mit
Höhle. In der Höhle die Krippe mit
Tieren, davor Maria knieend. Ueber
dem Hügel Stern, links Magier zu Pferde,
rechts Hirtenverkündigung und Engel.
Unten Badescene, Joseph, Hirt und Herde.

Beischrift: H ΓΕΝΝΟΙΟ ЖΚ XV

50. Geschnitztes Holzkreuz der Waffenkammer zu Moskau.

Antiq. de temp. russe. Bd. I. N. 34.

Form und Anordnung wie bei N. 49. In der
Höhle vor der Krippe Maria. Darüber Stern
und Engel. Unten Hirtenverkündigung und
Badescene.

Westrom 500—800.

I. Elfenbeine.

51. Elfenbeindeckel eines Evangeliars in Mailand, Domschatz.

Garrucci, 454. Westwood. Fict. iv. p. 38. N. 95. Coll. der
Arundel Society IV a. Bugati, Mem. stor. intorno le reliquie di San
Celso 1782. Tav. I. App. p. 259—282. Wyatt, Notic. of sculpt. pl. I.
Oldfield, Not. of Sculp. in Ivory. Labarte, Hist. des art. ind. Abb.
Sculpt. pl. VI. de Rossi, Bull. di arch. crist. 1865. p. 25 sqq.

Der Rahmen des Deckels ist in 8 Felder und 4 Eck-
medaillons geteilt. Im obersten länglich rechteckigen Felde
die Geburt Chr. In der Mitte unter einem offenen Schuppen
das gewickelte Kind in einer gemauerten, strohgefüllten Krippe,
dahinter rechts Ochs und links Esel. Rechts sitzt Maria auf einem

Felsen, Profil nach l., mit der Linken den Zipfel des Mantels erhebend und den Kopf ermattet darauf stützend. Die Rechte ruht auf dem Knie. Links Joseph, auf einem Felsblock, in der Exomis, mit kurzem Bart [1]), in der Linken eine Säge. Den Hintergrund füllt Mauerwerk.

Dieser, sowie ein zugehöriger Buchdeckel aus dem V. oder VI. Jahrh.

52. Kasten aus Werden in Westfalen, Elfenbein. Früher Samml. Soltikoff, jetzt South Kensington Mus.

Maskell, lat. p. 67. Garrucci 447, 1—3. Westwood, Fict. iv. p. 42. N. 97—99.

Nur drei Seiten des Kastens sind erhalten, eine Schmalseite fehlt. In der Mitte einer Langseite, zwischen Sternauffindung

[1]) cf. de Rossi, bull. 1865. p. 27.

und Magieranbetung die Geburt Chr. identisch mit der des Mailänder Buchdeckels, doch fehlt das Mauerwerk im Hintergrund. Joseph erscheint bartlos, die Madonna sitzt mehr en face. Nach de Rossi, bull. di a. c. 1865. p. 26 vielleicht aus dem VI. Jahrh.

53. Relief vom Elfenbeinstuhl des Maximian zu Ravenna. Mailand, Coll. Trivulzi. Nach Garrucci Coll. des Marchese Trotti.

Bandini, in antiquam tabul. eburn.sacra quaedam D. n. Jes. Chr. mysteria exhibentem observationes, Florent. 1746. Bugati, Mem. di San Celso. Mil. 1782. Append. p. 275. Ciampini, vet. mon. II, 169. De Rossi, Bull. 1866. p. 28, 29. Garrucci, Tav. 414 bis 422 (bes. Tav. 417, 4. Du Sommerard, les arts au m.-âge. Alb. 1er Ser., pl. XI.

Schmales Rechteck. Unten im Vordergrund liegt Maria, Profil nach r., auf der Matratze. Oberkörper aufgerichtet, die erhobene Linke fasst das Kopftuch. Rechts Salome, im ärmellosen Chiton, die verdorrte Hand mit der Linken an den Arm

Mariae (!) führend. Rechts hinter ihr in hoher, gemauerter Krippe das gewickelte Kind, darüber werden Ochs und Esel, darüber der Stern sichtbar. Links steht Joseph, Profil nach r., bärtig, mit Tunica und Mantel, die Rechte emporhebend. Auf Grund des auf dem Stuhle angebrachten Monogrammes wird die Arbeit in die Zeit des Bischof Maximian (546 bis 552) gesetzt.

54. Pyxis, Rouen, Mus. publ.

Garrucci, 438, 2. Westwood, p. 416.

Langer Reliefstreifen. In der Mitte die gemauerte Krippe, auf der in einem flachen Korbe das gewickelte Kind liegt. Links und rechts Ochs und Esel, darüber Stern. Links ein Hirt, auf den Stern zeigend, rechts zwei andere, erstaunt zurückweichend. Rechts reiht sich als Pendant die Anbetung der Magier an.

Nach Westwood VII—VIII. Jahrh.

55. Pyxis der Benediktinerabtei Werden.

Garrucci, 438, 1. Aus'm Weerth, Kunstdenkm. Taf. 29, 6. Westwood, p. 474. Mitt. der K. K. Centr. Comm. 1876, p. 50.

Reliefstreifen mit mehreren biblischen Scenen, darunter die Geburt. Rechts

Krippe, auf der in einem flachen Korbe das gewickelte Kind liegt,
darüber Köpfe von Ochs und Esel. Links sitzt Maria, Profil nach r.,
fast wie auf den oberital.-gall. Sark. gebildet. Links Joseph, in
Tunica und Mantel, den Kopf auf die Hand stützend, in der Rechten
ein Scepter. Zwischen Maria und der Krippe Oberkörper einer
weiblichen Figur, deren erhobene Rechte Flammen umgeben.
Rechts neben der Geburt Hirten, den Stern sehend. Nach
Westwood VI. oder VII. Jahrh.

56. Elfenbeintafel. Bologna. Mus. der Universität. (Früher
Samml. Cospi).

Gori, Thes. vet. dipt. III. tav. 35. p. 272. Agincourt, Bd. II.
Tav. XII, 13. Roh. de Fleury. La ste. vierge. Bd. I. tav. 19. Westwood. p. 361.

Schmale Tafel, horizon-
tal dreigeteilt. Das mitt-
lere quadratische Feld enthält die Geburt. Links ruht
Maria en face auf einem
Polster, unter dem Bett-
stützen sichtbar werden.
Rechts vorne Salome, halb
kniecnd, halb schwebend, mit
halbkreisförmig über dem
Haupte schwebendem Mantel.
Vor ihr Badeschale und
Wasserkanne. Ueber ihr
rechts gemauerte Krippe, darin das gewickelte Kind, darüber die Tierköpfe und Stern.
Links unten sitzt Joseph, en
face, das Haupt aufstützend.
Im untersten, gleichfalls
quadratischen Feld stehen drei
Hirten, den Stern erblickend.
Im obersten Feld Verkün-
digung und Heimsuchung.
Nach Westwood VII.
oder VIII. Jahrh., italien.
Arbeit.

57. Elfenbeinpyxis, K. K. Münzkabinett, Wien.

Mitt. der K. K. C. K., Neue Folge Bd. II (1876) p. 44 sqq.)

Langer Reliefstreifen. In der Mitte liegt auf der hohen gemauerten Krippe das Kind, nimbiert, in Kleid und Mantel, die Hand zum Segen erhebend. Links Ochs, rechts Esel (von beiden nur der Vorderleib sichtbar). Vor der Krippe kniet Salome, Profil nach r., die verdorrte Hand erhebend. Links sitzt eine Person in Tunica und Mantel, Profil nach l., Kopf en face, ihren linken Arm aufstützend, mit der Rechten nach dem Kopftuch greifend. Ein Rest des Sitzes unter ihr sichtbar. Es sollen Spuren eines Bartes an ihr erkennbar sein. Rechts folgt Magieranbetung.

58. Pyxis, früher in Minden, dann Samml. Hahn in Hannover, jetzt Berl. Museum.

Garrucci 437, 4. Hahn, 5 Elfenbeingef. X. III. p. 15 ff. Westwood, p. 453. Katalog des berl. Mus. X. 451.

Langer Reliefstreifen. Links auf hoher, viereckiger, steinerner Krippe ruht das gewickelte Kind; der Stern liegt in der Krippe, neben der links der Vorderleib des Ochsen, rechts des Esels sich findet. Vor der Krippe kniet unten Salome, die verdorrte Rechte zum Kinde erhebend. Weiter rechts sitzt Maria, Profil nach l., Kopf en face, die Rechte fasst nach dem Kopftuch. Dem hinter ihr angebrachten Kissen zufolge ist sie liegend gedacht, aber sitzend gebildet. Rechts neben ihr steht ein Engel, mit Räucherfass und Kreuz. Links folgt der Zug nach Betlehem und die Verkündigung.

Nach de Rossi (Bull. 1865. p. 29) aus dem VI. Jahrh., nach Westwood p. 453 „of early date".

II. Gemälde.

59. Mosaik der Kapelle Johann VII., in der alten Peterskirche. [1]

Garrucci, 279, 280, 281. Agincourt, Pitt. 17, 8. Ciampini III. tav. 24, p. 75.

59 a

Die Kapelle wurde 706 am 21. März geweiht. Beim Neubau der Kirche wurde ein Rest des Mosaiks (linke Hälfte der Magieranbetung) ao. 1639 nach Sta. Maria in Cosmedin übertragen

(Crowe und Cavalc. p. 43). Eine Skizze des Mosaiks vor der Zerstörung bildet Garrucci ab, nach dem vatican. Ms. N. 6439 (N. 59 a), nebst einer anderen Copie von der Hand des Canonicus Peter Wenzel (N. 59 c). Ein Mosaikfragment (Amme das Kind badend) soll im Lateran erhalten sein (59 b), eine Detail-Skizze in der Bibl. Barb. (59 d).

59 b

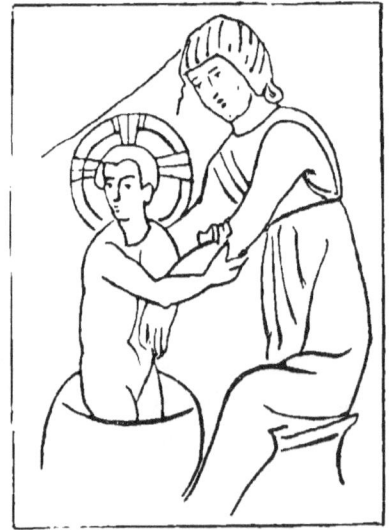

[1] Ueber die zugehörige Magieranbetung, jetzt (seit 1639) in Sta. Maria in Cosmedin, vgl. Crowe, und Cavalc., Gesch. der it. Mal. I, p. 43. Garrucci, 281, 2. Ciampini III. t. 24, p. 75. Agincourt. Pitt. 17, 8.

Eine Vergleichung dieser Reste ergibt folgendes Bild: In der Mitte liegt Maria, Profil nach l., auf dem Polster, der aufgerichtete Oberkörper ist nach rechts gewandt (vgl. 59 e). Links über der Madonna die Krippe mit den Tieren und dem mächtigen Stern (vgl. Abb. 59 a, 59 d). Daneben links kniet Salome, die verdorrte Hand erhebend (59 a, 59 d, 59 e). Links vorne (unten) sitzt Joseph, Profil nach r., Kopf in die Hand stützend (Abb. 59 a, 59 e). Rechts unten warten zwei Ammen das nim-

59 d

bierte Kind, die eine sitzend und badend (59 b), die andere Wasser zu-giessend (59 e). Rechts oben ver-kündet ein Engel zwei Hirten (59 a). Der Vorgang

59 e

spielt in einer Felslandschaft. Eine Reconstruction dieses Ge-samtbildes habe ich in Abb. 59 c zu geben versucht. Vermutlich kurz vor oder nach der Weihung der Kapelle (21. März 706) wurde das Mosaik vollendet.

59 c

60. Fresko, Coemeterium St. Valentini (auch St. Julii papae) an der Via flamin.

Aringhi, Rom. Subt. II, p. 354. Garrucci, II, 84. Bosio, R. S. p. 549. Bottari, 191. p. 173. Agincourt, Pitt. 12, 8. Grim. de

Saint-Laurent, Guide de l'art. chrét. IV, p. 129. Cah. et Martin.
Mél. d'Arch. et d'hist. I, p. 23.

In einem Arcosol ein Brustbild der Madonna mit dem Jesus-
knaben. Beischrift SCA. DI GENETRIX. Ueber dem Arcosol
Kind mit Kreuznimbus, gewickelt in einem Kasten liegend. Da-
neben links Salome, Profil nach r., die Krippe mit der verdorrten
Rechten berührend (Ochs, Esel und Stern fehlen). Rechts neben
dem Arcosol zwei Ammen, das Kind badend (nicht Marter St.
Johannis), dahinter Felsen. Links vom Arcosol Heimsuchung
Mariae. Neben der Amme die Beischrift SALOME V (irgo).

Garrucci nimmt die Entstehung zwischen 600 und 900, vermutlich bald nach 600, an.

Einleitung.

Aus dem Bilderschatze, den Bibel und Legende den christlichen Künstlern darbot, trafen diese eine immerhin beschränkte Auswahl. Nach welchen Gesichtspunkten diese stattfand, wie weit Dogma, Liturgik, kirchliches Ritual [1] u. a. m. hierbei mitwirkte, bedarf noch vielfach der Untersuchung. Was speciell zur monumentalen Wiedergabe der Geburt Christi Anlass gegeben haben mag, möchte ich deshalb im Nachfolgenden zunächst darlegen, bevor ich die Entwicklung des Typus verfolge [a].

§ I. Die Lehre von der Geburt Christi.

Wie Jesus Christus von der Jungfrau Maria geboren ward, erzählen nur zwei der Evangelisten, Matthäus [2] und Lucas [3]. Marcus und Johannes [4] übergehen diesen Moment der Kindheitsgeschichte Christi, und auch in den übrigen kanonischen Schriften [5] wird derselbe nicht ausdrücklich erwähnt.

Bibel.

[a] Erst nach Abschluss meiner Arbeit wurden mir die unsere Frage mustergültig behandelnden „Religionsgeschichtlichen Untersuchungen von H. Usener, Bonn, 1889" bekannt, deren Resultate ich noch, soweit möglich, in der Einleitung verwerte.

[1] Vgl. z. B. die von le Blant nachgewiesene Einwirkung des Totenofliciums auf die Auswahl der Katakombenbilder, E. le Blant, Sarcoph. chrét. d'Arles, Paris 1878. § 5.

[2] Matth. I, 25 (Anbetung der Magier) und Kap. II.

[3] Luc. I, 26—28, die Verkündigung. Luc. II, 1—5, Zug nach Betlehem, II, 6—7, Geburt Christi. II, 8—14, Hirtenverkündigung. Ueber die mehrfach behauptete spätere Entstehungszeit der lucanischen Kindheitsgeschichte vgl. die von Augusti, Denkwürdigkeiten Bd. I, p. 218, Anm. 1. citierte Litteratur. Dagegen sucht die Echtheit aus dem lucanischen Sprachgebrauche nachzuweisen Gersdorf, Beiträge zur Sprachcharakteristik, Leipzig 1816, p. 160 sqq. bes. p. 162, 163, vgl. dagegen wieder Usener, a. O. Kap. II.

[4] Ueber Christi Herkunft und Familie vgl. Matth. XIII, 55, 56. Marc. VI, 3.

[5] Vgl. aber Gal. IV, 4 und Römer VIII, 3. Vgl. auch Usener p. 149 sqq.

Bei Juden und Heiden begegnete die Lehre von der wunderbaren Geburt unverhohlenem Spotte [1]), aber auch in den Christengemeinden herrschten Meinungsverschiedenheiten über Art und Wesen derselben und erst nach harten Kämpfen gelang es der Kirche, dieselben endgültig zu vernichten. Betreffs der Fleischwerdung galt zunächst der Grundsatz [2]), dass Christus zwar als Sohn Gottes von der Jungfrau Maria durch den heiligen Geist empfangen, dann aber von seiner Mutter mit wirklicher Fleischesgestalt bekleidet worden sei, dass er also nicht etwa nur ein zum Werkzeug der göttlichen Erlösung ausersehener Mensch [3]), noch weniger aber nur ein der Menschheit in einem Scheinleib erschienener Geist sei [4]).

Der Schwerpunkt der Beweisführung lag hierbei im Nachweis der unbefleckten Empfängnis. Ob Maria auch unbefleckt geboren habe, blieb noch unentschieden. In der patristischen Litteratur begegnen wir Ende des II. Jahrh. hierüber völlig widersprechenden Ansichten [5]). Der Wortlaut der Evangelien entschied über den Punkt nicht ganz klar. Lucas [6]) sagt, dass Maria Jungfrau war, als sie empfing, erwähnt aber bei der Geburt kein Wunder. Matthäus [7]) beruft sich zwar auf Jes. VII, 14: „Siehe, eine Jungfrau wird schwanger sein und einen Sohn gebären." Dass aber die Jungfrauschaft auch durch das Gebären des Sohnes nicht aufgehoben werden solle, konnte

---

[1]) Vgl. die Pantheramythe, bei F. A. v. Lehner, Marienverehrung. p. 12.

[2]) Vgl. darüber die Cit. aus der Patristik bei F. A. v. Lehner „Marienverehrung in den ersten Jahrh. (2. Aufl. Stuttg. 1886)", in den Abschnitten „Maria als Mutter" p. 37 sqq. und „immerwährende Jungfrau" p. 120 sqq. Ueber die Entstehung der Lehre von der Jungfrauengeburt und den Zusammenhang mit der Jordantaufe vgl. die Untersuchungen von Usener, a. O., bes. p. 187, 188.

[3]) Hierzu neigte bes. der Ebionitismus, vgl. Nitzsch, Dogmengeschichte Bd. I. p. 37. sqq., aber ebensowohl auch Vertreter anderer Richtungen, vgl. Nitzsch, Dogmengesch. Berlin 1870, Bd. I. p. 56. sub No. 6.

[4]) Ueber diese doketischen Lehren vgl. Nitzsch, p. 82, 84, 86, 87 etc.

[5]) Clemens Alexandrinus, Stromata VII. p. 889 (ed. Potter) tritt für die unbefleckte Geburt ein: καὶ γὰρ μετὰ τὸ τεκεῖν αὐτὴν μαιωθεῖσαν φασί τινες παρθένον εὑρεθῆναι. Dagegen Tertullian, de carne Christi, 13. Maria ist Jungfrau, weil sie kein Mann erkannt hat, nicht Jungfrau im Bezug auf die Geburt, virgo, quantum a viro, non virgo, quantum a partu (cf. Patrol. lat., ed. Migne, Bd. II. p. 835. Kap. XIII, das. auch ausdrücklich: Haec denique vulva est, propter quam et de aliis scriptum est, omne masculinum adaperiens vulvam etc.

[6]) Luc. 1, 27, 34, 35.

[7]) Matth. 1, 23.

man aus diesem Citat wohl herausinterpretieren, doch war es nicht offen und zweifelsfrei darin ausgesprochen.

Erst im IV. Jahrh. kam es zur Entscheidung aus Anlass der Arianismus. auftretenden Häresie des Arianismus. Etwa seit dem Jahre 318 stand die Frage nach der Wesensgleichheit und Wesensähnlichkeit im Vordergrund der kirchlichen Bewegung [1]. Um die volle Gottgleichheit Christi zu widerlegen, suchen die Arianer unter Betonung der menschlichen Seiten seiner Natur die Vereinigung Christi mit dem Logos erst nach erfolgter Geburt nachzuweisen, so dass Maria zwar den Christus, aber doch nicht den Gott geboren zu haben schien. Demgemäss will der antiochenische Presbyter Anastasius statt der Theotokos die Christotokos eingeführt wissen, und demgemäss wird auch eine menschliche natürliche Geburt, keine göttlich übernatürliche angenommen. Die Verteidiger dieser Lehre unterliegen aber auf dem Ephesiner Concil (431), wie auf der chalkedonensischen Synode [2].

Seitdem gilt es als ein unantastbares Dogma der katholischen Kirche, dass Maria den Gott geboren, und ihn geheimnisvoll und wunderbar, ohne Verletzung der Jungfrauschaft, der Welt geschenkt habe. Damit war auch jeder Streit über die Geburt Chr. geendet, und der Maria als der Theotokos wurden Tempel und Bildwerke aller Orten geweiht.

Die Kunst nimmt seitdem eifriger an der Verherrlichung der wunderbaren Geburt Antheil [3].

§ 2. Die Legende von der Geburt Christi.

Einen unmittelbaren Einfluss auf die Schöpfungen der bildenden Kunst konnten jene dogmatischen Kämpfe nicht haben. Gewannen doch die zuvor geschilderten religionsphilosophischen Controversen für die Masse des Volkes überhaupt erst dadurch völlig greifbare Gestalt, dass die Hauptbegriffe und Sätze in der Legende ihre Er-

[1] Cf. Nitzsch. § 24.
[2] Nitzsch, Bd. 1, § 42, 43.
[3] Ueber die Marienverehrung und den Aufschwung des Marienkultus nach dem Ephes. Concil vgl. Kraus, Real-Encyklopädie der christl. Altert. Bd. 1, 495, 496. Ueber die Wirkung dieser Bewegung auf die Kunst das. II, 361. Ueber die Durchführung der Ephes. Beschlüsse in Rom durch Papst Liberius und die Gründung von Santa Maria Maggiore vgl. Usener, a. O. p. 293.

läuterung und gewissermassen konkrete Formulierung fanden [1]), und der um Begriffe geführte Streit sich so in fassliche Bilder umsetzte. An diese halten sich dann auch die Künstler.

Im Wesentlichen finden wir jene Legenden vereinigt in den apokryphen Evangelien [2]). Das älteste derselben ist das vielleicht schon im II. Jahrh. citierte [3]), sicher aber seit dem III. Jahrh. verbreitete [4]) Protevangelium Jacobi [5]).

Prot-evangelium. Im Kap. XVII. beginnt daselbst der Geburtsbericht [6]) mit der dem Evang. Lucae entlehnten Schatzung des Kaisers Augustus. Auf einer Eselin reitet Maria [7]) nach Betlehem, geleitet von Joseph und dessen Sohn, resp. Söhnen [8]). Die drei folgenden Kapitel [9]) bringen das Wunder der Salome [10]). Joseph nämlich,

---

[1]) Indem teils vorhandene Legenden aufgenommen und erweitert, teils neue erfunden wurden. Die Kirchenväter benutzen diese Legenden, selbst wenn sie sonst die Apokryphenlitteratur bekämpfen (vgl. Hieronymus apokryphe Geburtserzählung und gleichzeitige Verurteilung der Apokr. Kap. 1, 3. p. 58 und Einleit. § 2. p. 11. A. 1). Von den Apokr. abweichende Geburtserzählungen finden sich bei einzelnen Vätern, z. B. beim hl. Ephrem, dem Syrer (cf. deutsche Uebersetzung von Zingerle, Innsbruck 1837). So Bd. II. p. 241 anbetende Knaben; p. 254 Anbetung des Christkindes durch Johannes und dessen Eltern (!); p. 256, Stumme, welche ihre Stimme wieder erhalten; p. 254, 258 unfruchtbare Weiber, welche um Nachkommen flehen (s. dazu Usener, p. 199. Anm. 25.); p. 257, Jungfrauen, welche Keuschheitsgelübde ablegen; p. 264 Versöhnung von Zornigen; p. 242 schenkt Christus Rinder und Schafe. Diese Zusätze mögen teils poetische Erfindungen, teils Entlehnung aus kursierenden Legenden sein.

[2]) Thilo, Codex apocryphus novi testam. Lips. 1832, Tischendorf, Evangelia apocr. Lips. 1876. Borberg, die apokr. Evangelien (deutsch), Stuttg. 1841.

[3]) Eine Vermutung Tischendorfs (cf. a. O. Proleg. XIII), die sich aber nur auf Clem. Alex. Stromata VII (cf. meine Einl. § 1 p. 2 Anm. 5) und Just. mart., Dialog. cum Tryph. (cf. Einleit. p. 6. A. 1) stützt.

[4]) Cf. Orig. Comment. in Matth. III, 463, bei Tischendorf p. XII. und p. XIII, Anm. 1.

[5]) Vgl. Thilo p. 159 sqq., Tischendorf p. 1 sqq., Borberg p. 1 sqq.

[6]) Thilo. p. 234 sqq., Tischend. p. 30 sqq., Borberg p. 45 sqq.

[7]) Maria, nicht Joseph, wie man nach Borbergs Uebersetzung annehmen müsste (Thilo: ἐπεκάθισεν αὐτήν).

[8]) Vgl. Thilo p. 273, Anm.

[9]) Kap. XVIII--XX.

[10]) Dasselbe gibt sich u. a. dadurch als eine (nachträglich interpolierte?) Einschiebung kund, dass Joseph plötzlich in der ersten Person selbst erzählt.

der die Hochschwangere in einer Höhle untergebracht hat, kehrt, nicht ohne einige wunderbare Naturereignisse beobachtet zu haben, mit einer Hebamme zurück. Eine Wolke weicht von der Höhle, und ein gewaltiges Licht füllt dieselbe, bis endlich die Mutter Gottes den beiden sichtbar wird, dem Kinde die Brust reichend. Beim Verlassen der Höhle begegnet jene Hebamme einer Frau Namens Salome, die es ihr nicht glauben mag, dass eine Jungfrau ohne Verletzung gebären könne, und sich nur durch eigenhändige Untersuchung der Maria überzeugt. Ihr Unglaube wird bestraft durch Lähmung des frevelnden Armes, der erst auf Geheiss eines Engels durch Umhertragen des Kindes wieder geheilt wird. Daran reiht sich Kap. XXI. die Anbetung der Magier, mit Benutzung des Matthäusevangeliums, nur dass der Stern sie wieder in eine Höhle statt in ein Haus geleitet.

Die Geschichte schliesst mit dem Kindermorde, der Flucht nach Aegypten und dem Tode des Zacharias. Seltsamerweise fügen einige Handschriften nach dem Kindermorde statt der Flucht nach Aegypten die Stelle[1] ein: „Voll Furcht (!) nahm sie das Kindlein, und wickelte es in Windeln und legte es in eine Krippe der Rinder, darum, weil sie keine Stätte fanden in der Herberge." Dieselbe ist sichtlich an falscher Stelle eingeschoben, aber wohl in der Absicht, die Konkordanz mit dem Lucasevangelium herzustellen. Sie dürfte späterer Zusatz sein.

Seit dem IV. Jahrh. beginnt also in den Gemeinden des Orients die phantastische Ausschmückung der Geburt durch Salomelegende und ähnliche Mirakel. Die übrigen griech. Apokr.[2] fügen dem, von einigen kleinen Variationen abgesehen, nichts Neues bei. Bemerkenswert erscheint nur, dass die vielleicht im IV. Jahrh.[3] entstandene „Geschichte Josephs des Zimmermanns"[4] zwar der Geburt Chr. mehrfach gedenkt, aber nicht als einer Wunderthat, sondern wie eines normal verlaufenen Ereignisses. Als Ort der Geburt wird

---

[1] Thilo, p. 262. Anm. Tischendorf. p. 43.
[2] Vgl. das Thomasevang., Tischendorf. p. 134 sqq.
[3] Cf. Tischendorf, Proleg. p. XXXVI.
[4] Cf. Tischendorf, p. 115 sqq.

eine Höhle bei Betlehem [1] angegeben, ganz nahe dem Grabe der
Rahel, der Frau des Erzvaters Jakob, die da war die Mutter Josephs
und Benjamins [2].

Gleichfalls morgenländischen Ursprungs und in arabischem Text
erhalten ist das „Evangelium von der Kindheit des Erlösers" [3]. Dasselbe ist aber spätestens im VII. Jahrh. [4] durch einen syrischen
Nestorianer überarbeitet [5]), und wo hier Abweichungen vom Protevangelium [6]) hervortreten, gehen sie aus der Tendenz des Verfassers
hervor, oder sind, wie die beigefügte Anbetung der Hirten und
Engel, mit kleinen Variationen Lucas entnommen. Seit dem V.
Jahrh. sehen wir auch die Väter der abendländischen Kirche den
Kampf gegen die Apokr. aufnehmen [7]). Nachdem aber im VI. Jahrh.
dieser fromme Eifer nachgelassen [8]), treten lateinische Apokr. in
Nachahmung der griechischen hervor.

Röm. apokryph. (margin note)

Zu den ältesten Werken dieser Klasse gehören zwei Marienleben,
das „Evangelium von der Geburt der hl. Maria" und die „Geschichte
von der Geburt der Maria und der Kindheit des Erlösers", der sogen.
Pseudo-Matthäus [9]).

[1]) Schon Justinus Martyr, Dial. c. Tryph. (ed. Jebb., Lond. p. 236) erwähnt
die Höhle: ἐν σπηλαίῳ τινί σύνεγγυς τῆς κώμης κατέλυσε, καὶ τότε αὐτῶν ὄντων
ἐκεῖ, ἐτέτοκε ἡ Μαρία τὸν Χριστόν. Justinus, der aus Palästina stammte, gab
damit wohl die lokale Tradition, nicht, wie Thilo (p. 383) annimmt, die Anwendung
von Jes. 33, 16. oder, wie Tischendorf glaubt, ein Citat aus dem Protevangel.
Jacobi (cf. meine Einleit. § 2. p. 4 Anm. 3).

[2]) Cf. 1. Mosis, 35; wo sowohl das Grab der Rahel als der später zu erwähnende
Turm der Hirten, Eder (Ader) genannt, erwähnt sind. Es mag diese Angabe der
Apokr. aus 1. Mos. XXXV, Jerem. XXXI, 15 und Matth. II, 18 kombiniert sein.

[3]) Tischendorf, p. 171 sqq.

[4]) Tischendorf, Prol. p. LI.

[5]) Vgl. Borberg, p. 110 sqq. Tischendorf, Proleg. p. L.

[6]) Kap. II. und III., welche die Geburt Chr. enthalten, geben einfach die
Erzählung des Protevangelii verkürzt wieder (vgl. darüber Tischend. Proleg. p.
XLIX.), dagegen ist die Salomelegende tendenziös verstümmelt.

[7]) Cf. Augustin. contra Faust. Lib. XXIII., cap. IX. Patrol. lat. ed. Migne,
Bd. 42. p. 472. Hieronymus adv. Helvidium (seu de perpet. virgin. B. Mariae).
Patrol. lat. ed. Migne, Bd. 23. p. 201. Hier dürfte das erste Zeugnis für die
Ablehnung der Hebammenlegende seitens eines lateinischen Kirchenvaters vorliegen
in den Worten: Nulla ibi obstetrix, nulla muliercularum sedulitas intercessit. Ipsa
(sc. Maria) pannis involvit infantem, ipsa et mater et obstetrix fuit .... quae sen-
tentia et apocryphorum deliramenta convincit.

[8]) Cf. Tischendorf, Prol. p. XXVI., Anm. 3. Thilo. Prol. p. XCI.

[9]) Ueber beide vgl. Tischendorf, Prol. p. XXV. sqq.

Das erstere, von Thilo und Borberg in das VI. Jahrh.[1] gesetzt, lässt bereits Kap. IV. der hl. Anna, dann Kap. IX. der Maria die Verheissung der makellosen Geburt Chr. zuteil werden[2]). Das letzte Kapitel meldet dann einfach, dass Maria ihren erstgeborenen Sohn geboren habe, so „wie die heil. Evangelisten uns gelehrt". Den Glauben an die unbefleckte Geburt setzt dieser Pseudo-Evangelist als selbstverständlich voraus.

Dagegen enthält der sogen. Pseudo-Matthäus eine Zusammen- ^{Pseudo-Matthäus.} fassung aller der Mirakel, welche die Legende der Geburt des Herrn beilegt, mit der offenbaren Absicht, die hohe Göttlichkeit Jesu schon seit der Geburt deutlich hervorleuchten zu lassen. In seiner lateinischen Fassung ist er vielleicht schon Ende des V. Jahrh. bekannt, seit dem VI. Jahrh. auch im Abendlande verbreitet[3]). Dass er bereits früher im griechischen Texte vorlag, ist eine noch unbewiesene, aber sehr annehmbare Hypothese.

Wie im Protevangelium wird der Jungfrau zweimal die unbefleckte Empfängnis verkündet[4]), wird das Fluchwasser getrunken, der Zug nach Betlehem angetreten, aber diesmal unter Fürsorge eines Engels[5]), endlich in der Höhle Halt gemacht, die sofort in überirdischem Glanze erstrahlt.

Dann führt der Autor fort: „Und hier gebar sie das Knäblein, das umstanden bei der Geburt die Engel des Himmels, und als es geboren war, da beteten sie es an und sprachen: Ehre sei Gott etc. Indessen kehrt Joseph mit den zwei Hebammen Zelemi und Salome zurück. Wiederum ist Salome die Ungläubige, und wird mit dem Verdorren der Hand bestraft. Die Heilung erfolgt hier durch einfache Berührung der Tücher des Kindes.

Die Hirten bleiben diesmal bei den Schafen auf dem Felde, wo ihnen der Engel die frohe Kunde bringt. Dagegen erscheint über der Höhle ein gewaltig leuchtender Stern.

Um diese Erzählung mit Lucas in Einklang zu bringen, wird nun unvermittelt in Kap. XIV. die Geburt im Stalle nachgeholt. Am dritten Tage nämlich nach der Geburt tritt Maria aus der Höhle

---

[1]) Thilo, Prol. p. XCV. Borberg, p. 215.
[2]) Vgl. Tischendorf, p. 113. Kap. IX. Virgo concipies, virgo paries, virgo nutrics.
[3]) Cf. Tischendorf, Prol. p. XXV., XXVI.
[4]) Thilo, p. 373 sqq., Tischendorf, p. 73 sqq., Borberg, p. 263 sqq.
[5]) Cf. die Darstellung des Maximinstuhles. Kap. III, p. 128 sqq., Kat. Nr. 53.

in einen Stall, und legt den Knaben in eine Krippe. Dort beten Ochs und Esel das Kind an, nach dem Worte der Propheten, Jes. I, 3 und Habakuk III, 2. Es ist leicht erkennbar, wie in diesem lateinischen Apokryph der oströmischen Tradition des Protevangel. die weströmische (uns aus den Sarkophagbildern bekannte) an die Seite gestellt wurde, und zwar in ganz ungeschickter Art, ohne jeden Versuch, die zwischen beiden entstehenden Widersprüche auszugleichen. Von diesem Zusatz abgesehen, sind die ersten Kapitel des Pseudo-Matthäus eine flüchtige Ueberarbeitung der entsprechenden Teile im Protevangelium[1]).

Da im Evangel. des Nicodemus nur an wenigen Stellen über Christi Herkunft, und auch da nur über seine Empfängnis gehandelt wird, so schliesst mit dem Pseudo-Matthäus die Reihe der mir bekannt gewordenen Apokr., welche Nachrichten über die Geburt Christi enthalten[2]).

·hluss.·

Während somit die morgenländischen Apokr. in der Auffassung und Beschreibung der Geburt noch mehrfach differierten, sind die im Abendlande umlaufenden einig über das Geburtswunder, das sie zum Teil durch die Salomegeschichte zu beweisen suchen.

Einen völligen Anschluss an eines der apokr. Evangel. werden wir in der bildenden Kunst nicht bemerken. Einerseits lassen sich einige Motive der Geburtsbilder in keinem Apokr. nachweisen, so z. B. das Bad des Kindes durch zwei Ammen (cf. Nr. 23, 24 etc.). Andrerseits werden auch gewisse Schilderungen der Apokr. von der altchristlichen Kunst unbeachtet gelassen, wie die säugende Mutter, die erleuchtete Höhle u. a. Dass wir die Apokr. in Westrom nicht vor dem IV. Jahrh. in Benutzung sehen werden, versteht sich nach dem oben Ausgeführten. Aber auch in Ostrom waren sie zwar seit dem VI. Jahrh. beliebt, aber erst seit dem VI. Jahrh. auch in der Kunst massgebend, so dass auch hier, wie in Westrom, der älteste Typus der Geburt Chr. noch ohne ihre Einwirkung entstanden sein dürfte[3]). Erst der zweite, seit dem VI. Jahrh. sich bildende byzantinische Geburtstypus verrät eine solche, und steht sogar dem Pseudo-

---

[1]) Cf. Borberg, p. 237. Tischendorf, Proleg. p. XXVI, XXVII.

[2]) Ueber sonstige nur fragmentarisch erhaltene Apokr. vgl. Fabricius, Cod. apocr. novi testam., Hamburg 1719, Bd. I, p. 335 sqq.

[3]) Vgl. mein Kap. II.

Matthäus am nächsten [1]), ja beruht geradezu trotz einiger Abweichungen auf dessen Schilderung (Abb. 53, 57, 60).

.Jedenfalls eröffnete sich dem Maler und Bildhauer in diesen Pseudo-Evangelien nicht nur eine Quelle genauer Angaben über den Ort der Geburt, die dabei anwesenden Personen u. a., sondern er fand auch durch Verwertung der Salomelegende Gelegenheit, sich in Uebereinstimmung mit dem orthodoxen Dogma zu setzen, dem er sonst kaum einen allgemein verständlichen bildlichen Ausdruck hätte leihen können. Besonders die byzantinische Kunst machte davon Gebrauch.

§ 3. Die Feier der Geburt Christi [2]).

Eine Betrachtung der für die Aufnahme und Ausgestaltung der Geburtsdarstellungen massgebenden Faktoren wäre unvollständig, wenn wir nicht auch die Einführung der Geburtsfeier Christi berücksichtigten [3]).

Dieselbe tritt anfangs im Anschluss an die Epiphanienfeier auf [4]), Epiphania. deren Ursprung im Orient in das II. Jahrh. zurück verfolgt werden kann [5]). In der Kirche selbst erlangte die Epiphanienfeier erst später

---

[1]) Das unterstützt wesentlich die oben (p. 7) erwähnte Annahme eines griech. Urtextes des Pseudo-Matthäus.

[2]) Vgl. Augusti, Denkwürdigk. aus der christl. Arch. Leipzig 1817. Piper, evangel. Kalender 1855 p. 53 sqq. Wagenmann bei Herzog und Plitt, Realencyclopädie für prot. Theol. Bd. 16, p. 688 sqq. Kraus, Realencyklop. der christl. Altert. Bd. I sub. Art. „Feste". Usener, a. a. O. p. 187 sqq., p. 214 sqq.

[3]) Ueber die amtliche Regelung der christl. Festtage überhaupt und des Weihnachtsfestes, bes. nach der staatlichen Einführung des Christentums cf. Augusti, a. O. Bd. 1, p. 106, p. 117. Usener, a. O. p. 16. sqq.

[4]) Cf. Zappert, Epiphania, in den Sitzungsber. der kaiserl. Akad. zu Wien, phil. hist. Klasse. Jahrg. 21 (1856) p. 291 sqq. Kraus, Encyklop. I, p. 490. 492 sqq. Usener, a. O.

[5]) Die ägyptischen Basilidianer feierten am 6. Januar, also am Tage des Epiphanienfestes die Offenbarung der Gotteswürde Christi durch die Jordantaufe. Vgl. Clemens Alex. Stromat. 50. Bd. I, p. 407 (ed. Potter). Εἰσὶ δὲ οἱ περιεργότερον τῇ γενέσει τοῦ Σωτῆρος ἡμῶν οὐ μόνον τὸ ἔτος, ἀλλὰ καὶ τὴν ἡμέραν προστιθέντες. Ἥν φασιν ἔτους κή Αὐγούστου, ἐν πέμπτῃ Πάχων καὶ εἰκάδι. Οἱ δὲ ἀπὸ Βασιλείδου καὶ τοῦ βαπτίσματος αὐτοῦ τὴν ἡμέραν ἑορτάζουσιν, προδιανυκτερεύοντες ἀναγνώσεσι. Φασὶ δὲ εἶναι τὸ πεντεκαιδέκατον ἔτος Τιβηρίου Καίσαρος τὴν πεντεκαιδεκάτην τοῦ Τυβὶ μηνός. Τινὲς δὲ αὐτὴν ἐνδεκάτῃ τοῦ αὐτοῦ μηνός Der 11. Tybi entspricht unserem 6. Januar, vgl. schon Körner, de die natali Servat., Univ. Lips. progr. ad festum Christ. nat. Lips. 1758., Usener, a. O. p. 18 sqq.

Verbreitung[1]), da noch Origenes als hohe Festtage nur Sonntage, Rüsttage, Pascha und Pfingsten kennt[2]). Vollends eine Geburtsfeier Christi ist zu Origenes' Zeit gänzlich ausgeschlossen, da er Geburtsfeiern als einen Gebrauch der Heiden bezeichnet, der der christlichen Kirche fremd sei[3]).

Geburtsfest im Orient. Erst im IV. Jahrh. finden wir sowohl das Epiphanienfest, als auch die Verbindung desselben mit dem Geburtsfeste Chr. in der Orientalischen Kirche völlig heimisch[4]). Aber bereits in der zweiten Hälfte des IV. Jahrh. trennt man hier wieder beide Ereignisse, und während das Epiphanienfest sein altes Datum beibehält, wird die Geburtsfeier auf den 25. Dezember verlegt. Wir ersehen das aus einer Homilie des Chrysostomus vom Jahre 386[5]). Aus dieser geht auch hervor, dass die Verlegung der Geburtsfeier 10 Jahre vorher[6]) im Anschluss an den weströmischen Festbrauch üblich wurde, so dass wir den Beginn der oströmischen Geburtsfeier des 25. Dezember etwa um 377 annehmen dürfen[7]).

Geburtsfest i. Occident. Aus der citierten Homilie des Chrysostomus ergiebt sich, dass die Separatfeier des Geburtstages Chr. ursprünglich dem Abendland angehörte[8]), und es hat den Anschein, als ob hier eine römische Lokalfeier schliesslich zu einer allgemeinen katholischen entwickelt sei. Doch kann sie auch in Rom nicht vor dem IV. Jahrh. als eigene Feier[9]) existiert haben. Aeltere abendländische Schriftsteller kennen dieselbe noch nicht. Arnobius[10]) noch spottet, wie Origenes,

---

[1]) Ausführlich darüber Usener, a. O., p. 189 sqq.

[2]) Orig. contra Celsum Lib. VIII. Kap. 22. ed. Hoeschel. p. 404. ... τῶν κυριακῶν, ἢ παρασκευῶν, ἢ τοῦ πάσχα, ἢ τῆς πεντεκοστῆς.

[3]) Orig. Homil. VIII. zu 3. Mos. Kap. III.

[4]) Vgl. Kraus, Encykl. I. p. 493, bes. Usener, a. a. O. p. 189 sqq.

[5]) Cf. Chrysost. Homil. in Nat. (Uebersetz. in Augusti, Denkw. I, 230), vgl. Chrys. S. Bd. V. p. 905 a. Nach Usener (a. a. O. p. 238) fällt diese Rede erst in das Jahr 388.

[6]) καί τοι γε οὔπω δέκατόν ἐστιν ἔτος ἐξ οὗ δήλη καί γνώριμος ἡμῖν αὕτη ἡ ἡμέρα γεγένηται.

[7]) Nach Usener (a. a. O. p. 219) im Jahre 379.

[8]) παλαιὰ καὶ ἀρχαία ἐστί καί ἄνωθεν τοῖς ἀπὸ Θράκης μέχρι Γαδείρων οἰκοῦσι κατάδηλος καί ἐπίσημος γέγονε.

[9]) Ob in Westrom das Geburtsfest ursprünglich mit Epiphanien verbunden gefeiert wurde, wie in Ostrom, ist noch fraglich nach Fr. H. Kraus, a. a. O. II. p. 493. Dagegen Usener, a. a. O. p. 209 sqq.

[10]) Bd. VII. Kap. 32. cf. Piper. Ev. Kal. 1856. p. 53.

der heidnischen Geburtstagsfeiern. Augustinus kennt das Christfest am 25. Dezember zwar [1]), aber er betrachtet es als einen einfachen Gedenktag, nicht als ein hohes Fest. Ausdrücklich sagt er [2]), man feiere den Geburtstag Chr. nicht als ein Sakrament. Es sei nicht nötig, dass der Tag „festa devotione significari", man könne sich mit der Erinnerung an das Ereignis begnügen. Erst seit dem IV. Jahrh. treten auch Zeugen für eine eigene Geburtsfeier Chr. in Rom auf. Zwar die von Ambrosius uns überlieferte Rede des Papstes Liberius (352—366), welche derselbe am Christfest des Jahres 360 [1]) seiner zur Nonne geweihten Schwester widmete [3]), wird neuerdings [1]) auf Epiphania bezogen. Dagegen ist in dem chronographischen Sammelwerk des Filocalus [5]), vor dem 366 abgefassten und zwischen 352 und 369 ergänzten [6]) Verzeichnis von Gedenktagen der Martyrer [7]) die Weihnachtsfeier am 25. Dezember notiert [8]).

Endlich haben wir jenes schon erwähnte Zeugnis des Chrysostomus, der im Jahr 386 die ihm schon seit 10 Jahren bekannte Feier als alte abendländische Sitte bezeichnet [9]).

So scheint die Geburtsfeier im Anfang des IV. Jahrh. mit dem

---

[1]) So spricht er Serm. 314 in natal. Stephani Mart. von einer tags zuvor stattgehabten Erinnerungsfeier an die Geburt des Herren, was, da St. Stephanstag am 26. Dezember gefeiert wird (vgl. Augusti, a. a. O. I, 145, 148), auf den 25. Dez. als Geburtstag Christi führt. Sermo 119 wird die Epiphanienfeier als eigener Festtag erwähnt.

[2]) Ep. 119. § 1. vgl. auch Augustin. Ep. ad. Januar. Nr. 118. opp. ed. Benedict. Bd. II, p. 93, wo bei der Aufzählung der hohen Feste die Geburtsfeier Christi fehlt.

[3]) Vgl. Wagenmann bei Herzog und Plitt. a, a. O. Bd. 16. p. 690. Hodie quidem seeundum hominem homo natus ex virgine. Ambros., de virginitate. Lib. III, 1—3. Der späteste Entstehungstermin ist das Jahr 377, in welchem Ambrosius die Rede verfasste. Vgl. Piper. Ev. Kal. 1856. p. 51, der als Datum dieses Christfestes den 25. Dezember annimmt.

[4]) Piper, Ev. Kal. 1856. p. 41 sqq. p. 51 sqq. Mommsen in den Abhandl. der kgl. sächs. Gesellsch. der Wissensch. Phil. hist. Klasse. Bd. I. (1850) p. 549 sqq. Vgl. auch Piper, Einleitung in die monumentale Theologie, p. 316. p. 329. Anm. 3.

[5]) Usener (a. O. p. 268—274) verlegt die Rede auf den Epiphanientag des Jahres 353, der damals zu Rom noch die Geburtsfeier mit umfasst habe.

[6]) Vgl. Mommsen, a. a. O. p. 606.

[7]) Die Todestage der Märtyrer gelten als ihr himmlischer Geburtstag vgl. Kraus, Encykl. I, 497.

[8]) Usener, a. O. p. 274. setzt diesen Zusatz mit Bestimmtheit auf das Jahr 354.

[9]) Vgl. p. 18. Anm. 1.

Epiphanienfeste aufgekommen zu sein, in dessen zweiter Hälfte sie von Epiphania gelöst und als eigener Festtag konstituiert wurde.

Geburts-datum. Warum wählte man gerade den 25. Dezember für die Geburtsfeier? Ueber das wahre Datum[1] der Geburt Chr. herrschte bereits im II. Jahrh. Meinungsverschiedenheit[1]. Im VII. Jahrh. giebt noch Jacob von Edessa[2] zu, dass man nichts davon wissen könne, als dass der Herr in der Nacht geboren sei. Auch während der 25. Dezember als Festtag unbezweifelt ist, dauern die Untersuchungen über das wahre Datum fort, bis endlich der Streit einschläft.

Für die Wahl des 25. Dezember scheinen weder gewisse jüdische Feste, wie Laubhüttenfest oder Tempelweihe[3], noch auch die Berechnung aus dem Tage der Conception[4] ausschlaggebend gewesen zu sein. Den wahren Sachverhalt dürfte bereits Wernsdorf[5] erkannt haben, wenn er auf die Beziehung zwischen dem Christfest und dem römischen Sonnenwendefest[6] hinweist. Als im IV. Jahrh. bei der Verstaatlichung des Christentums eine Vermehrung der Feste eintrat, musste ein Ersatz für das heidnische Wintersonnenwendefest notwendig geschafft werden. So verstehen wir es auch, warum besonders die Leiter der abendländischen Kirche so oft und so unermüdlich gegen die Thorheit derjenigen predigen mussten, welche dem Geburtsfest des Heilandes eine so unwürdige und unchristliche Deutung unterzulegen wagten[7], und warum dennoch dieser Glaube un-

---

[1] Vgl. Clemens, Alex. Strom. 50. cit. p. 9, Anm. 5 meiner Einleit...s. auch Wernsdorf, exercit. in nov. litem de anno nat. Christi. Witeberg, 1776.

[2] Assemanni Bibl. Or. II. 163. bei Augusti I, 213.

[3] Vgl. die von Augusti p. 221 und von Wagemann (a. a. O. p. 692) cit. Quellen.

[4] Vgl. Piper, Evang. Kal. 1856. p. 41 sqq. Wie Piper, so berechnet schon Chrysostomus in der mehrerwähnten Homilie den Geburtstag Chr. aus dem Tage der Conception. Ephrem d. S. bestimmt entsprechend, indem er dem älteren Ansatz des Geburtsfestes auf Epiphanien (6. Jan.) folgt, die Empfängnis Mariä erst in den April (vgl. Usener, a. a. O. p. 200). Es fehlt aber an Beweisen, dass man wirklich auf diese Weise das Geburtsdatum eruiert habe, und nicht vielmehr umgekehrt aus der Geburt die Empfängnis. Beide Feste fallen auf Haupttage des Sonnenjahres, und die kirchliche Feier dürfte in beiden Fällen den hergebrachten heidnischen Festtagen angepasst sein, vgl. Augusti, a. a. O.

[5] Wernsdorf, a. a. O. abgedruckt im Thes. Comment. select. antiq. christ. ed. Vollbeding, Leipzig 1847. p. 126.

[6] Brumalia = VIII. Cal. Jan. — unserem 25. Dezember.

[7] Leo Magnus, Serm. de solemn. nativ. Chr., 22,6 eifert gegen die persuasio pestifera derjenigen, quibus haec dies solemnitatis nostrae non tam de nativitate

ausrottbar war, und in Predigten und Homilien so oft darauf ange-
spielt wird. Dichter[2]) und Prediger konnten mit diesen Bildern bei
ihrem römischen Publikum immer noch auf Verständnis rechnen.

Einerseits die seit dem Ephesiner Concil (431) immer wachsende Schluss.
Beliebtheit des Dogmas von der jungfräulichen Geburt[3]), andrerseits
die Anlehnung des Geburtsfestes an jene antike Sonnenfeier werden
zur Popularisierung desselben im IV. Jahrh. wesentlich beigetragen
haben[4]). Damit wurde aber auch dem Künstler Anlass geboten zur
Wiedergabe des nun beliebt gewordenen Vorganges, und es ist wohl
kein Zufall, dass wir erst etwa seit der Mitte des IV. Jahrh. (343)
die Geburtsscene in der bildenden Kunst nachweisen können.

Christi, quam de novi, ut dicunt, solis ortu honorabilis videatur. Ambrosius Serm.
VI. vgl. Wagenmann a. a. O. p. 693) predigt: Bene quodam modo sanctum hunc
diem Natalis Domini Solem novum vulgus appellat. Vgl. auch die angebl. Homilie
des Chrysostomus de nat. S. Joh. Bapt. u. a. m.

[2]) Vgl. bes. Prudentius, Hymn. Cathem. II. und XI. „quid est, quod arctum,
etc.", Paulinus Nolanus, Poem. XIV, 15. p. 382 ed. Muratori. Daher wird auch
das Wort Johannis Bapt. (Ev. Joh. III, 30): „Er muss wachsen, ich aber muss
abnehmen" ausgelegt, Christus sei bei zunehmender, Johannes bei abnehmender
Sonne geboren, so bei Chrysost. a. a. O. u. a. m.

[3]) Bei der anfänglichen Abneigung der Christen gegen Geburtsfeiern als heid-
nisch (vgl. p. 10, Anm. 3, p. 11. Anm. 1) wird man auch die Geburt Chr. erst
dann gefeiert haben, als die wunderbare Geburt ein Ruhmestitel der Mutter Maria
und damit auch Christi wurde.

[4]) Dass die Einführung des Geburtsfestes, wie Augusti, a. a. O. 1, 226 sqq.
behauptet, vor allem dem Widerspruche gewisser Sekten zu verdanken ist, möchte
ich bezweifeln. Doch mag der Protest der Haeretiker das Interesse an der Geburt
gelegentlich noch gesteigert haben.

Kapitel I.

Die Geburt Christi in der altchristlichen Kunst des Abendlandes bis ca. 500.

§ I. Wandmalerei.

Die Roma sotteranea[1]), sowie die ausserhalb Roms durchforschten Katakomben liefern die ältesten roben Pchristlicher Kunstübung. Hier entwickelt sich in den ersten vier Jahrhunderten ein christlicher Bilderkreis, der er von der symbolischen Andeutung christlicher Lehrbegriffe zur historischen Darstellung der Ereignisse fortgeführt wird. Erst spät scheint in diesen Bilderkreis die Geburt Chr. eingefügt zu sein.

Magier-
anbetung.
Bereits seit der Mitte des II. Jahrh. lässt sich die Madonna mit dem Kinde[2]), seit dem III. Jahrh. auch die Anbetung der Magier[3]) nachweisen, nicht aber die Geburt. Vielleicht weil der Zufall die (dann jedenfalls seltenen) Darstellungen dieser Scene vernichtete, wahrscheinlich aber, weil dieselbe aus den in der Einleitung dargelegten Gründen überhaupt erst später aufgekommen ist. Den Christen jener Zeit ersetzte wohl die Maria mit dem Jesusknaben, resp. die Magieranbetung, als der erste Triumph des Neugeborenen, die Darstellung der Geburt. Auch später noch sehen wir zuweilen·

---

[1]) Die Litteratur bei Kraus, Encyklop. Bd. II. p. 98 sqq., bei Viktor Schultze, Katak., Einleit.

[2]) Fresco der Priscillakatakombe, nach de Rossi vielleicht noch unter den Augen der Apostel (vgl. auch Kraus, Encyklop., Bd. II, 862), nach V. Schultze, Katakomben p. 151, erst nach der Mitte des II. Jahrh. entstanden.

[3]) Nach de Rossi, vgl. auch V. Schultze's Angaben (Arch. Studien p. 192, 200, Katakomben, p. 152 sqq.), Usener, a. a. O. p. 286.

die Anbetung der Magier und Hirten wie einen von irdischer Dürftigkeit befreiten Ersatz für die Geburtsdarstellung da eintreten[1]), wo der Realismus dieser Scene dem monumentalen Empfinden widerstrebte.

Das älteste, auf die Geburt Chr. bezügliche Fresko, im Coemet. des hl. Sebastian, stammt wohl frühestens aus dem IV. Jahrh.[2]). Es zeigt nichts als die Krippe mit dem Kind und den beiden Tieren. Diese überraschend einfache Darstellung könnte dazu verleiten, das Fresko als den Urtypus der Geburtsbilder zu betrachten. Doch kann ebensowohl die verkürzte Wiedergabe eines figurenreichen Originals vorliegen. Diese Annahme wird durch die Entstehung des Bildes nicht vor der zweiten Hälfte des IV. Jahrh., zu welcher Zeit die Geburtsdarstellung[3]) bereits entwickelt war (vgl. p. 48), mehr als wahrscheinlich gemacht. *(Fresko in S. Sebastiano.)*

Welche Form hatte das unverkürzte Original? Auf einigen Sarkophagen werden wir die gleiche Gestalt der Krippe, ein auf vier Stützen stehendes Lager, bei der Anbetung der Hirten[4]) wiederfinden, und zwar bereits vor der Mitte des IV. Jahrh. Danach dürfte das vorliegende Fresko am besten im Anschluss an jene Sarkophage (vgl. § 2) zu behandeln sein. Dass ursprünglich die Krippe mit dem Kinde und den beiden Tieren als Symbol der Geburt Chr. noch dem älteren symbolischen Bilderkreise angehörte, und später durch Beifügung der zwei Hirten im IV. Jahrh. in den historischen Kreis überging, ist nicht undenkbar[5]). Aber Beweise hierfür besitzen wir nicht, und am wenigsten kann das Fresko von San Sebastiano als solcher gelten.

Weitere Beiträge zur Geschichte der Geburtsdarstellungen liefert die altchristliche Katakombenmalerei nicht.

---

[1]) So fehlt die Geburt noch im V. Jahrh. in den von Papst Sixtus III. der Gottesgebärerin geweihten Mosaiken von Sta. Maria Maggiore, wo nur die Magieranbet. an den Neugeborenen erinnert. Dieselben sind nur ungenügend publiziert von Garrucci, Stor. dell'arte crist. (Musaici tav. 211 sqq.).

[2]) Vgl. meinen Kat. Nr. 1.

[3]) Resp. Hirtenanbet. s. § 2.

[4]) Vgl. die Sark. der Gruppe I. Kap. I. p. 17, 199.

[5]) Uebergang symbol. Figuren in histor. Scenen vgl. Grousset, Étude sur l'hist. des sarc. chrét. Paris, 1885. p. 27. 28.

§ 2. Die Geburt Christi auf den Sarkophagen.

1. Häufiger als in den Wandmalereien der Katakomben findet sich die Geburt Chr. auf den Sarkophagen dargestellt. Aber grade die christlichen Sark. unterliegen in ihrer Bedeutung als monumentales Forschungsmaterial nicht selten einer ausserordentlichen Geringschätzung.

Erklärlich ist dieselbe durch die Schwierigkeiten, welche ihre, trotz erhaltener Inschriften so mangelhafte Datierung bietet. Ist doch zumeist nicht das Geburts- oder Sterbejahr des Bestatteten, sondern, nach antikem Gebrauche, seine Lebensdauer angegeben [1]).

Dazu kommt, dass auch die Stilkritik in vielen Fällen hier keine sicheren Resultate liefert. Wir vermögen nicht einmal den Stil des IV. Jahrh. in jedem Falle mit voller Gewissheit von dem des V. Jahrh. zu scheiden. Kenner, wie de Rossi, schreiben manches Stück dem IV. oder V. Jahrh. zu.

Eine chronologische oder stilkritische Anordnung der von mir aufgezählten Sark. scheint danach weder vorteilhaft noch durchführbar [2]).

Den Diptychen gegenüber haben aber die Sark. den Vorzug einer gewissen Stabilität, so dass die Mehrzahl sich noch heute am Produktionsort befinden dürfte. Das ermutigt zu dem Versuche, den lokalen Besonderheiten der einzelnen Sarkophagbildhauerschulen nachzugehen und festzustellen, inwieweit sich in unserem Falle die römischen Sark. von den oberitalischen und südgallischen, diese wieder von den späteren ravennatischen unterscheiden [3])-

Auch die künstlerische Fähigkeit der Sarkophagskulptoren und ihrer, wenn auch rohen, so doch nicht aller Nachklänge an bessere

---

[1]) Cf. Schultze, Katak. p. 245 und die das. p. 235 cit. Quellen, bes. de Rossi, Inscr. christ. Urb. Rom., Introd.

[2]) Soweit Datierungen möglich, sind dieselben im Kat. angeführt.

[3]) Ueber Sark.-Familien vgl. Le Blant, Sarc. d'Arles, Introd. p. VII. V. Schultze, Katak. p. 175, der aber nur eine röm.-gallische und eine ravennatische Gruppe scheidet. Le Blant tritt in dem 1886 erschienenen Werk Sarc. de la Gaule bereits viel entschiedener für die lokalen Stile ein. Vgl. das Introd. p. XI.

Zeiten baren Reliefs scheint mir gelegentlich unterschätzt zu werden. Beispielsweise hebt V. Schultze[1]) etwas scharf die Unfähigkeit der christlichen Bildhauer, ihren völligen Anschluss an die von der Malerei gebotenen Vorbilder[2]), sowie die beharrliche Wiederholung der einmal erworbenen Schemata hervor.

Dagegen möchte ich versuchen, in dem vorliegenden begrenzten Gebiet eine, wenn auch mässige Entwicklung, sowie eine weitgehende Anlehnung an plastische Werke nachzuweisen.

Sodann haben die Sark. nicht nur zu ihrer Zeit, sondern auch in späteren Jahrhunderten gewirkt, in denen sie gesucht waren als Ruhestätten für besonders verehrte Männer[3]), für die Häupter des Klerus, für Märtyrer und Heilige. Viele standen freilich in dunkeln Grüften, andere dagegen fanden in den Kirchen ihren Platz, wurden als Altar, Brunnen, Lavamann etc. verwendet und konnten so andauernd nachwirken[4]).

Ebenso wichtig als diese Nachfolger sind die Vorgänger der christlichen Sark. Plastik. Da dieselbe ihre erste Gestaltung der antiken Skulptur verdankt, so wurde sie zur natürlichen Vermittlerin antiker Traditionen, und auch nach diesem Gesichtspunkt müssen wir unser Material prüfen.

Nachdem ich daher im Katalog die inhaltlich verwandten Stücke zu Gruppen geordnet, wird es meine Aufgabe sein, die gemeinsamen Merkmale derselben darzulegen, die Art und den Grad ihrer Verwandtschaft zu untersuchen, und daraufhin unter Berücksichtigung der örtlichen Besonderheiten den Versuch einer Entwicklungsgeschichte der auf denselben enthaltenen Geburtsdarstellungen zu unternehmen. Denn da, wie ich ausführte, die Folge der betreffenden Monumente

---

[1]) V. Schultze, Archäolog. Studien, p. 202 sqq. In gemilderter Form auch in „Katak." p. 171, 172.

[2]) Vgl. dagegen Kraus, Encykl. II, p. 726, mein Kap. I, § 3. p. 40. Anm. 4. Die teilweise Abhängigkeit von der Malerei wird auch dadurch erklärlich, dass diese früher und in grösserem Massstabe Gelegenheit zur Darstellung christl. Scenen fänd, als die Sark.-Skulptur.

[3]) Vgl. bei Garrucci, storia dell' arte cr. p. 385, 4 die Inschrift eines altchristl. Sark. (Hic requiescit dominus Theobaldus episcopus hostilensis aus dem Coemet. Sta. Lucina zu Rom. Theobald war Bischof von Ostia 1183—1188 (cf. Garucci a. a. O.), vgl. auch Le Blant, Sarc. chrét. de la Gaule, Par. 1886 Introd. p. III.

[4]) Vgl. darüber auch Grousset, a. a. O. p. 40. Viktor Schultze, Katak. p. 167, und mein Kap. III. Le Blant, Sarc. de la G. Introd. p. IV. sqq. XV. sqq.

sich weder chronologisch noch stilistisch mit Sicherheit bestimmen lässt, auch die älteren Typen, nach antikem Brauch, sich neben den jüngeren wiederholen, so kann eine solche Entwicklung lediglich auf genauer Analyse und Vergleichung der in der Komposition wahrnehmbaren Fortschritte basiert werden. Ich bin mir des dadurch bedingten hypothetischen Charakters meiner Resultate bewusst. Dennoch glaubte ich den Versuch unternehmen zu müssen.

In einem zweiten Abschnitt wird dann das Verhältnis dieser Reliefs zur christlichen Ueberlieferung und zur heidnischen Kunst behandelt werden, während Kap. III. Beispiele für das Nachleben der Sark.-Skulptur bringen wird.

Gruppe 1.   2. Mit Gruppe 1. des Kat., welche drei Sark., sämtlich röm. Ursprunges (Nr. 2, 3, 4) umfasst, beginne ich.

Mittelpunkt derselben ist das Kind, das gewickelt auf einer tischartigen Unterlage ruht. Ihm nahen Ochs und Esel, und zwei Männer, die durch Exomis und Pedum als Hirten gekennzeichnet sind. Grade dass sie zu zweien auftreten, dass keiner vor dem anderen irgendwie ausgezeichnet ist, verbannt jeden Zweifel. Auch de Rossi[1]) giebt zu, dass hier nicht an Joseph zu denken sei. Nicht die Geburt, sondern die Anbetung der Hirten ist dargestellt. Statt der Krippe ist jenes tischartige, zuweilen mit einem Tuch drapierte Gestell in Nr. 3 und 4 erkennbar[2]), das uns im IV. Jahrh. auch auf dem Fresko von S. Sebastiano[3]) begegnete, und Anlass gab, dieses Fresko als eine abgekürzte Wiedergabe der Hirtenanbetung anzusehen.

Wie alt sind diese Reliefs? Der Sark. Nr. 2 ist aus dem Jahre 343[4]), also immerhin älter, als die Mehrzahl der übrigen, auch das Fresko stammt wohl aus dem IV. Jahrh. Nro. 4 ist nicht datiert. Wenn wir aber stilistische Erwägungen für die Altersbestimmung gelten lassen wollen, so könnten wir grade bei diesem die geschicktere

[1]) Bull. di arch. crist. 1865, p. 25 sqq.
[2]) No. 2. ist an der betreffenden Stelle bestossen.
[3]) Kat. No. 1.
[4]. Vgl. darüber Kat. sub No. 2. Usener, a. a. O. p. 286 nimmt das Jahr 354 als Gründungsjahr der Geburtsfeier in Rom und zugleich als „Ausgangspunkt" der Darstellung der Krippe in der weström. Kunst an, ohne dieses datierten Sark. zu gedenken.

Gliederung des Gruppenconturs und die mehr malerische Komposition zu gunsten eines höheren Alters anführen. Denn das Hintereinander der Relieffiguren gestaltet sich erst auf späteren Sark. zu einem Nebeneinander, und so kann man, wenn nicht für den Sark. selbst, so mindestens für dessen Originalvorlagen spätestens das Ende des IV. Jahrh. annehmen. Mit Einschränkungen gilt aber dasselbe von Nr. 3[1]), so dass auf diesen drei Sark. uns ein Typ. der Anbetung des Kindes erhalten blieb, der, wie die Datierung auf Nr. 2 beweist, schon vor 350 in Rom eingebürgert war.

Diesen Typ. als die Abkürzung der reicher entwickelten Gruppe II. zu betrachten, scheint mir unzulässig. Znächst lag bei Sark. 3 und 4 durchaus kein Grund zu einer Verkürzung vor. Vor allem aber zeigt unser Typ. zwei Hirten, der andere nur einen[2]). Man wird kaum, um eine Scene verkürzt darzustellen, ihr eine oder auch zwei[3]) neue Personen hinzufügen, und dabei die Form der Krippe regelmässig verändern[4]). Eine Abkürzung aus Gruppe V. ist noch weniger annehmbar. Welcher christliche Künstler würde die Gestalt der Maria fortfallen lassen, um statt dessen Hirten und Propheten beizufügen?

Somit kann ich die Scene nicht als verkürzte Wiedergabe von Gruppe II. oder V. betrachten, noch weniger können die nichtrömischen Gruppen (III, IV) in Frage kommen.

3. Gruppe II. erscheint im Gegenteil eher als eine Fortbildung jenes ersten Typ. Derselben gehören zwei römische und ein oberitalischer Sark. (Nr. 5, 6, 7) an. Gruppe II.

Wir finden hier das Kind in der Krippe, zur Seite nur einen Hirten, und bei Nr. 5 und 6 daneben die Anbetung der Magier, welche am oberital. Sark. (Nr. 7) durch den verwandten Vorgang der Sternauffindung der Magier ersetzt ist[5]). Die beiden Scenen

---

[1]) Für die Zusammengehörigkeit des Sark. und des Deckels tritt Garrucci ein (ef. Kat. Nr. 3.).

[2]) Damit wahrt diese Hirtenanbet. auch am treuesten den Charakter des mutmasslichen antiken Vorbildes (vgl. Kap. 1, § 3).

[3]) No. 3 zeigt neben der Krippe noch die Gestalt eines Propheten, wie sie sich mehrfach als gelegentlicher Zusatz, wohl zur Füllung des Raumes, findet.

[4]) Es wäre dann regelmässig an Stelle der in Gruppe II. und V. verwendeten Korbkrippe die oben erwähnte Krippenform eingesetzt.

[5]) Die Magieranbet. wird oft fälschlich mit der sehr ähnlichen Sternauffindung identifiziert. Letztere hat übrigens auf die Form der Anbet. seit dem IV. Jahrh. gewirkt. Ueber die Entstehung des Typ. ef. Garrucci, Tav. 35, 2. De Rossi, Bull. 1866.

sind aber rein äusserlich nebeneinander gestellt und nicht zu einer einheitlichen Komposition verschmolzen[1]). Die Krippe nebst Umgebung ist der in Gruppe I. beschriebenen nicht unähnlich. Abweichungen zeigen sich aber darin, dass die Krippe von nun an unter einem Dache steht und zugleich die Form eines geflochtenen Korbes annimmt, vermutlich weil jenes bisher gegebene bettartige Lager mit der Decke zu wenig in den Stallraum passte. Rechts erscheint nun ein Hirt, durch Tunika und Hirtenstab als solcher bezeichnet. Den Hirten links konnte man entbehren, da hier die Magieranbetung sich anfügte.

Der oberital. Sark. ist bemerkenswert durch einige Abweichungen, wie z. B. die Stützen des Daches in korinthische Säulen, das Ziegeldach in ein Strohdach umgewandelt, an Stelle der Magieranbet. die Sternauffindung gesetzt wird[2]). Der Hirte ist über dem Dache angebracht, und darf, wie ich im Kat. nachzuweisen versuchte, keinesfalls mit Joseph verwechselt werden. Er wäre damit aus der von de Rossi aufgestellten Josephliste zu streichen, entspricht aber dem rechts stehenden Hirten der beiden letztbeschriebenen Sark. Gruppe II. giebt somit die Hirtenanbet. wohl als Fortbildung der Gruppe I., aber in reicherer Ausstattung und veränderter Krippenform als Pendant zur Magieranbetung, doch unter Beschränkung der Hirtenzahl.

4. Unmittelbar an die Sark. Nr. 5 und 6 der Gruppe II. reiht sich Gruppe V. an (Nr. 13, 14, 14ᵃ, 15, 16), die gleichfalls röm. Sark., sowie eine syrakusaner Wiederholung derselben (Nr. 16) umfasst. Auf diesen ist die Magieranbet. mit der Hirtenanbet. zu geschlossener Komposition verbunden, und zwar so, dass die Magier nicht mehr das auf dem Schosse Mariä thronende Kind, sondern das in der Krippe ruhende anbeten. Auch dadurch sind sie inniger mit der Handlung verflochten, dass man sie in der Form gab, welche die Sternauffindung mit der Anbet. vereint. Nun erst leuchtet auch über der Krippe der Stern, den ja nur die Magier, nicht aber die Hirten dem Evangel. zufolge erblickten. Später erst wird auf Grund der Apokr. der Stern stehendes Attribut der Krippe. Diese behält

[1]) Ebenso ohne direkte Verbindung sind schon auf Sark. 3. Hirtenanbetung und Magier neben einander gestellt.

[2]) Auf oberital. gall. Sark. beliebt, cf. Sark. No. 9, 10, ebenso wie die reichere Architektur.

vollkommen die Form, wie in Gruppe II., ebenso wie das Stall-
dach, Ochs und Esel, endlich der Hirte[1]) mit dem Pedum beibehalten sind. Maria aber ist auf die rechte Seite gerückt, hält auch
das Kind nicht mehr auf dem Schosse, sondern sitzt in matronalem
Gewande, auf einen Stein sich stützend, und das Haupt schmerzlich
zur Seite neigend.

Offenbar haben wir hier zum erstenmal eine Scene vor uns, die
den Namen der „Geburt Chr." verdient, sofern wir annehmen, dass
Maria als Wöchnerin dargestellt ist, wofür mit Recht das matte
Aufstützen der Hand und das schmerzliche, wehmütige Neigen des
Kopfes geltend gemacht wird[2]).

Das Verhältnis der Gruppe II. zu V. kennzeichnet sich zunächst
dadurch, dass die Gruppen der Magier- und Hirtenanbetung in der
ersteren ohne innere Verbindung äusserlich zusammengestellt waren,
Gruppe V. dagegen zeigt beide vereint, wobei die Gestalt der Maria
zweckentsprechend verändert wurde.

Mir scheint es nahe zu liegen, dass diese so gefundene glück-
liche Vereinigung verwandter Gruppen jüngeren Ursprungs sei, als
jene zusammenhanglose Nebeneinanderstellung, besonders da es sich
im Gegenfalle nicht nur um einfache Trennung zweier Gruppen,
sondern gradezu um eine Rückbildung des Typ. gehandelt hätte.
An Stelle der Wöchnerin ohne Kind wäre wieder die Mutter mit
dem Kinde getreten. Diese Rückbildung durch Raumersparnis zu
erklären, ist unmöglich, da beide Formen gleiche Breite bean-
spruchen[3]). Gruppe II. giebt die biblische Folge der Dinge genauer
wieder. Wir sehen aber, dass strikte Beobachtung der kanonischen
Schriften damals eher ab- als zunahm. Ich glaube deshalb an die
Priorität der Gruppe II. vor Gruppe V. Schon aus der gleichartigen
Bildung der Krippe als eines Korbes, der gemeinsamen Beifügung
des Stalldaches, der gleichen Bildung nur eines anbetenden Hirten
geht hervor, dass beide Gruppen untereinander weit näher verwandt
sind, als mit der in allen diesen Punkten abweichenden Hirtenanbetung

---

[1]) Die Deutung des Hirten als Joseph ist Gegenstand einer Kontroverse geworden, zu der ich im Folgenden erst Stellung nehmen werde, da die Entscheidung
darüber die typologische Untersuchung nicht beeinflusst.

[2]) Vgl. auch § 2. über den Ursprung dieser Marienfigur.

[3]) Auch die Beifügung der raumfüllenden Prophetenfigur in No. 6 lässt nicht
gerade auf Raummangel schliessen.

der Gruppe I. Dass diese älter ist, als die beiden anderen, und wohl das Vorbild war, aus dem man die Tiere und den staunenden Hirten entnahm, habe ich bereits zuvor nachzuweisen versucht. Ich glaube, dass die Folge der Gruppen I. II. V. der thatsächlichen Folge der Typenentwicklung entspricht.

Deutung der Hirtenfigur. 5. Ich komme nunmehr auf die oben übergangene Annahme zurück, dass auf den Sark. der Gruppe V. der Hirte neben Maria, wie de Rossi glaubt[1]), Joseph vorstelle. Dass Maria von den Magiern getrennt und neben den angeblichen Joseph gesetzt ist, dass er sich ihr, die mit abgewandtem Antlitz auf dem Steine thront, zuwendet, dass endlich auf dem Sark. Nr. 16 beide einander anblicken, alles das hat wohl zu dieser Deutung geführt. Dagegen lässt sich zunächst einwenden, dass ja auch ein Hirte in gleicher Art neben Maria gruppiert werden konnte, nicht nur Joseph.

De Rossi glaubt aber seiner Sache so sicher zu sein, dass er daraufhin auch die Hirten der übrigen erwähnten Reliefs[2]) für Joseph erklärt, und nur bei Gruppe I. von der Josephtaufe Abstand nimmt, wo die zwei ganz gleich gebildeten Hirten nebeneinander allzu deutlich gegen diese Annahme sprechen. Sein Schluss scheint mir übereilt. Er begründet ihn auch nur damit, dass den Sark. der Gruppe V. gegenüber bisher niemand an der Deutung der Hirtengestalt als Joseph gezweifelt habe[3]). Dagegen erklärt Garrucci[4]), dass er die Figur nur dann für Joseph halten könne, wenn ihm ein solcher mit dem Hirtenstab als Attribut auf Denkmälern nachgewiesen sei. Dieser Standpunkt scheint durchaus gerechtfertigt, da bei Deutung altchristl. Figuren daran festzuhalten ist, dass die antike Sark.-Skulptur, der ja die christl. in den Prinzipien ihrer Darstellung folgt, für bestimmte Stände, Personen u. s. w. feststehende Attribute liebt, und z. B. das Lagobolon oder Pedum, der Hirtenstab, nicht auch

---

[1]) Vgl. Bullet. di arch. crist. Jahrg. III. 1865. p. 25 sqq., p. 65 sqq., worin de Rossi auf einen gegen ihn gerichteten Artikel Garruccis erwidert, den dieser an die mir nicht zugängliche Monatsschrift „Divoto di San Giuseppe" in Modena richtete.

[2]) Ebenso der Reliefs in Gruppe III. und IV.

[3]) Dass Bottari, Aringhi u. a., auf die sich de Rossi damit beruft, lieber den hl. Joseph, als einen Hirten darin sahen, ist erklärlich.

[4]) a. a. O. und Stor. d. a. cr. Bd. I. p. 364.

beliebig als Wanderstab verwendet wird [1]). Nur als solcher aber
hätte er Sinn in der Hand Josephs.

De Rossi erwidert darauf durch Anführung derjenigen Denkmale, auf denen Joseph den Hirtenstab trage. Darunter citiert er
aber nur einen Sark., nämlich den in meinem Kat. unter Nr.
12 auf-
geführten Sark. von Ancona, dessen Hirtenfigur Garrucci unerklär-
licherweise als Joseph darstellend anerkannt zu haben scheint [2]).
Einen Grund hierfür habe ich nicht finden können [3]), und da die
Gestalt sich in nichts von den üblichen Hirtenfiguren unterscheidet,
ist sie meines Erachtens auch als Hirte zu betrachten.
Ferner citiert de Rossi die Severa-Inschrift [4]). Da die Abbild.
derselben keinen Stab sicher erkennen lassen, auch die Deutung der
betreffenden Figur als Joseph nicht zweifelsfrei ist, so dürfte dieses
Monument nichts beweisen. Der gleichfalls herangezogene Elfenbeinstuhl des Marimin [5]) und die Mosaiken von Sta. Maria Maggiore [6])
sind an sich für die Sark.-Skulptur nicht entscheidend. Ueberdies habe ich auch auf denselben keinen Joseph mit Pedum entdecken
können [7]), ja es dürfte in den ersten acht Jahrh. sich überhaupt
kein Zeugnis dafür finden [8]).

Bevor aber dieser Nachweis nicht geliefert ist, glaube ich der
Ansicht Garruccis beipflichten zu müssen, dass Pedum und Exomis
(resp. Tunica) zusammen auch in der christlichen Plastik zunächst
den Hirten charakterisieren [9]), welcher der Gemeinde aus zahlreichen

---

[1] Für die Bezeichnung von Reisenden hat die antike Kunst einen bestimmten
Typus, wozu bes. ein langer Stab (nicht das kurze, oben gekrümmte oder verdickte
Pedum), der Petasos, Stiefeln und Mantel gehören.

[2] Cf. dagegen die richtige Deutung in der Stor. d. a. cr.

[3] Dass der Stab oben nicht gekrümmt ist, beweist nichts, er ist dafür nach
oben dick auslaufend, wie öfters auf antiken Denkmalen.

[4] Garrucci, Bd. VI. Tav. 484, 5.

[5] Cf. Kat. No. 53, Garrucci, Tav. 414—422. Hier steht Joseph ohne Stab
auf der Geburt und der Magieranbet. (Garrucci 417, 4. 418, 1). Tav. 417. 2 trägt
er ein hohes Scepter, nirgends ein Pedum.

[6] Hier ist Joseph zweimal ohne jedes Attribut gebildet, während ihm aber der
Engel verkündet, trägt er einen kurzen, dünnen, scepterartigen Stab, jedoch kein Pedum.

[7] Er trägt im Gegenteil ein Scepter.

[8] Auf dem Elfenb. (Kat. No. 55) trägt er ein Scepter.

[9] Grousset, a. a. O. p. 28 bezeichnet die Exomis als „signe distinctif de la
condition pastorale". Vgl. dagegen die zahlreichen Hirten in der Tunika, den
Joseph in der Exomis (aber ohne Pedum) auf gall. Sark. Die Exomis ist vielmehr
die allgemeine Tracht der niederen Klassen, Handwerker, Hirten etc.

5

Werken in dieser Gestalt so vertraut war, dass man schwerlich ohne weitere Begründung Joseph bald in Hirtengestalt, bald in Tunika und Mantel bilden durfte [1]).

Schlagend scheinen mir der Typus Josephs und der Hirten einander gegenüber gestellt auf dem Relief des röm. Sark. Nr. 3. Hier steht Joseph bei der Magieranbet. hinter Maria, bärtig, mit Tunika und Pallium, ohne jedes Werkzeug. Rechts aber beten die Hirten das Kind an, der eine bärtig, der andere bartlos, beide in der erwähnten Hirtentracht. Eine Verwechslung der beiden Typen scheint mir danach auf den Sark. nicht statthaft [2]).

Wir müssen also in der fraglichen Gestalt wohl einen Hirten erblicken, der staunend anbetet. Dagegen ist um so weniger etwas einzuwenden, als, wie ich nachzuweisen versuchte, aus der Hirtenanbet. die Geburtsscene erwuchs, dagegen Joseph in der älteren christl. Kunst, wie in der Bibel, bei der Geburt eine so bescheidene Stellung einnimmt, dass seine Uebergehung hier erklärlich ist.

6. Gruppe I. II. V. bildeten die erste, röm. [3]) Sarkophagklasse,

---

[1) Im Hirtenkostüm erscheint auf den älteren Elfenb. der taufende Johannes. Da die Bibel ein Fell als seine Kleidung angiebt, so nahm man einen antiken Hirten, die zuweilen ein Fell in Form der Exomis tragen, zum Vorbild (vgl. Overbeck, Galerie her. Bildw. Tav. 33, No. 5, 12), und wohl deshalb erhielt er dann auch das zugehörige Pedum.

[2] Danach müsste de Rossis Darstellung der Entwicklung des Josephtyp., wie folgt, abgeändert werden:

Auf den Sark. fehlt Joseph bei der Geburt Chr. gänzlich, da ich den angeblich mit der Axt gerüsteten Joseph auf dem Sark. Kat. No. 7 als solchen nicht anzuerkennen vermag (vgl. den Kat.).

Bei der Magieranbet. erscheint er in Rom in Tunica und Pallium, vgl. das Sutri-Fragment und den vielbesprochenen Sark. in San Paolo fuori l. m., (Garrucci 365, 2 (de Rossi will hier plötzlich den hl. Geist erkennen, cf. Bull. 1865, p. 65 sqq.). Auf dem gall. Sark. zu Puy (Garrucci No. 398, 1) und zu Arles (Garrucci 317, 2) erscheint er gleichfalls bärtig, aber in der Exomis, wie er auch auf einigen ital. Elfenb. wiederkehrt (Kat. No. 51, 52). Zweifelhaft scheint mir Josephs Gegenwart auf dem Sark. des Mus. Kircher. (Garrucci, 398, 2 hält ihn wohl mit Recht für einen Propheten), auf dem Sark. von S. Ambrogio (Garrucci, 329, 1, vielleicht Engel?), endlich auf dem Epitaph der Severa (Garrucci VI, 481, 5, Lehner No. 76). De Rossis Annahme, dass die Umwandlung des bartlosen Joseph in den bärtigen dem Einfluss der Apokr. entstamme (Bull. 1865, p. 31), wird überflüssig, wenn, wie ich annehme, Joseph von Anfang an bärtig gebildet ist, was auch dem meist üblichen Typus des „Vaters" auf den hier vorbildlichen antiken Sark. entspricht, vgl. p. 39. A. 2.

[3] Ausgenommen der Mail. Sark. No. 7.

neben welche in Gruppe III. und IV. eine zweite, gallisch-oberitalische tritt.

Gruppe III. umfasst einen Mantuaner und zwei gallische Sark. Gruppe III. (Nr. 8, 9, 10). Nr. 9 und 10 zeigen die gallische Form der Krippe, einen auf Holzböcken ruhenden Korb oder Kasten, neben dem die Tiere stehen. Dabei auf der einen Seite Maria, auf der anderen der Hirte. Ueber Maria steht der Stern, auf den die drei, in der unteren Hälfte des Reliefs angebrachten Magier hindeuten.

Bei dem Mantuaner Sark. (Nr. 8) zeigt das untere Feld nicht die Magier, sondern ist als Schriftplatte freigelassen. Dennoch steht über Maria der Stern. Diese Inkonsequenz scheint die etwas gedankenlose Arbeitsweise des Kopisten zu bezeugen, der mutmasslich die sonst unter der Scene angebrachte Sternauffindung der Magier fortfallen liess, ohne den nur durch sie motivierten Stern über der Krippe gleichfalls zu entfernen, und statt dessen die so gewonnene Fläche für die Inschrift offen hielt. Die drei Darstellungen sind aber wohl nach einem gemeinsamen Muster [1]) gearbeitet.

Die zweite gallisch-oberitalische Gruppe IV. (Sark. Nr. 11 und Gruppe IV. 12) verbindet die Krippe nicht mit der Sternauffindung, sondern mit der Magieranbetung. Das Fehlen des Hirten auf Nr. 11 darf bei der überaus rohen Arbeit wohl als Versehen des Sarkophagarbeiters gelten, wie ja auch der Stern über Maria steht, ohne dass der erste Magier auf denselben deutet.

Als gemeinsame Merkmale der zwei gallisch-oberital. Gruppen Vergleich bemerken wir also eine gewisse Aehnlichkeit mit der Gruppe V., da der gall. und röm. die Krippe stets mit der Darstellung Mariä, eines Hirten und der Sark. Magier verbunden ist, welche letztere da, wo die Scene auf dem Deckel des Sark. (vgl. Gruppe IV.) genügenden Raum fand, neben die Geburt gesetzt wurde, wogegen in Gruppe III. das Ganze in ein schmales, aber hohes Feld hineinkomponiert und darum horizontal in zwei getrennte Scenen geteilt werden musste. In beiden Fällen sind die Magier integrierender Bestandteil der Geburtsdarstellung [2]). Der Hirt erscheint, wie in Rom, mit Pedum und Exomis (oder Tunica) und hebt erstaunt die Hand.

Dagegen fallen auch Unterschiede vom römischen Typ. ins Auge. So wird Maria nicht sich abwendend, sondern im Profil sitzend dar-

---

[1]) Vorlagewerke?
[2]) Ebenso Usener, a. a. O. p. 286, Anm. 39.

gestellt (auf Nr. 8 der Unterkörper en face), den Blick auf die Krippe gerichtet, deren Form von der der römischen abweicht. Der Stern ist über der Maria statt neben den Magiern angebracht, die Sternauffindung wird der Magieranbetung vorgezogen. Es ergiebt sich hieraus, dass die Meister der gallisch-oberital. Sark. bei der Geburtsdarstellung zwar in der Hauptsache den letzten röm. Typ. wiedergeben, dass sie aber in Nebendingen davon abweichen[1]) und dass diese Abweichungen stark genug und so regelmässig wiederholt sind, dass man diese provinziale Sarkophagklasse von der röm.[2]) wohl zu unterscheiden vermag. Die Begründung dieses Gegensatzes auch aus stilistischen Merkmalen war nach den mir vorliegenden Abbild. nicht möglich, doch lässt sich aus dem Obigen ersehen, dass die provinzialen Künstler im allgemeinen weniger Verständnis und Gewissenhaftigkeit, mehr Willkür zeigen, als die hauptstädtischen[3]).

7. In Gruppe VI. habe ich vier Sark. (Nr. 17, 18, 19, 20) zusammengestellt, die ich weder der Entwicklung der röm., noch der oberital.-gallischen Klasse einzureihen vermochte, da sie willkürliche Abweichungen vom ursprünglichen Typ. zeigen, die der Spätzeit der Sark.-Skulptur angehören dürften (resp. fragmentiert oder verkürzt sind).

Nr. 17 zeigt eine Magieranbet., in welche Ochs und Esel eingefügt sind. Für diesen Vorgang kenne ich keine Analogie. Da aber der erste z. B. auf den Stern hinweist, ohne dass selbiger überhaupt angegeben ist, da sich auch sonst Flüchtigkeit und rohe Ausführung kundgiebt, die für späte Entstehung des Sarkophages sprechen, so möchte ich Ochs und Esel hier als eine missverstandene Einschiebung, als eine Reminiszenz an Geburtsdarstellungen betrachten. Für die Annahme, dass in dieser Scene die ursprüngliche Form der Verbindung von Geburt und Magieranbet. in Gallien vorliege, vermag ich keine Gründe anzuführen.

Sark. Nr. 18 scheint durch die Beischrift AΡѠ als Produkt späterer Zeit charakterisiert. Dazu kommt, dass hier der Stern über

---

[1]) Dazu vgl. Le Blant, Sarc. d'Arles, Introd. p. V.

[2]) Von Rom scheint Syrakus abhängig gewesen zu sein, vgl. Sark. No. 16. Vielleicht arbeiteten röm. Bildhauer in Syrakus.

[3]) Die gall. Sark. sind durchschnittlich 50 Jahre in der Entwicklung hinter den röm. zurück, vgl. Le Blant, Kraus in der Rom. Sott. u. s. w.

der Krippe als Zubehör derselben erscheint, was nach dem oben Gesagten wohl gleichfalls auf spätere Entstehung deuten kann. Die Abkürzung der Geburtsscene wird hier sehr gut durch das Hineinkomponieren in ein niedriges Giebelfeld motiviert, so dass ich auch dieses Relief nicht etwa für den Urtypus der Geburtsdarstellung, sondern für eine späte Abkürzung derselben halten möchte.

Endlich ist das Fragment Nr. 19 der Form nach in die oberital.-gallische Klasse einzureihen, wofür besonders die Profilstellung der Madonna und der Stern über ihr sprechen. Nun befindet es sich aber im Lateranmuseum, wodurch der Gedanke an röm. Provenienz nahegelegt wird. Da aber nachweislich, wenn auch selten, selbst ganze Sark. verschleppt wurden[1]), so ist der Uebergang eines solchen Fragmentes in die röm. Sammlung nicht unmöglich. Bei der mangelhaften Erhaltung desselben und dem Fehlen jeder bestimmten Angabe über seine Herkunft darf ich nach meiner Klassifizierung dasselbe wohl so lange für oberital. halten, bis das Gegenteil nachgewiesen ist.

Sark. Kat. Nr. 20 endlich [2]) zeigt eine Magieranbet. vom ausgehenden V. Jahrh., welche das Eindringen willkürlicher Umformungen in diese Darstellung wiederum beweist, mit der Geburt aber nichts zu thun hat [3]).

Diese vier Sark. dürften sonach ohne Belang sein für die Entwicklungsgeschichte, deren Resultate ich kurz zusammenfassen möchte.

8. Der römische Sark. von 343 war der älteste, der syrakusaner Schluss. vom Anfang des V. Jahrh. (vgl. Kat.) der jüngste unseres Gebietes, die wir chronologisch bestimmen konnten. Jener zeigt die einfachste Vorstufe, dieser die letzte und reichste römische Form der Geburtsdarstellung, die sich demnach bereits im Verlaufe des IV. Jahrh. vollkommen entfaltet haben muss. An den Werken des V. Jahrh. vermögen wir weder typologisch noch stilistisch einen Fortschritt zu erkennen.

Vielleicht gehörte das einfachste Symbol der Geburt Chr., die Krippe, schon jenem älteren symbolischen Bilderkreise an. Inner-

---

[1]) Vgl. Millin, voy. dans les dép. du midi de la France. Bd. III. p. 515. Le Blant, Sarc. de la G. Introd. p. II. Anm. 3.

[2]) Abb. nicht vorhanden.

[3]) Vgl. den Kat. sub No. 20.

halb des historischen Kreises aber müssen wir wohl die Hirtenanbet.
als den eigentlichen Kern der Geburtsdarstellung erkennen, die in
einer älteren (Gruppe I.) und einer jüngeren Form (Gruppe II.) vor-
zuliegen scheint. Durch Vereinigung der letzteren mit der ursprünglich nur neben sie gestellten Magieranbet. schloss dann die
Entwicklung auf röm. Boden mit der Gewinnung einer ersten festen
Form der Geburt Chr. ab.

Analog, aber bis zu einem gewissen Grade eigenartig, besonders
durch die beliebte Einführung der sternfindenden Magier, gestaltete
sich die Entwicklung in Gallien und Oberitalien [1]).
Dem Typus der röm. Gruppe II. entsprach hier der oberital.
Sark. Nr. 7 zu Mailand, alle übrigen aber scheinen auf den Typ.
der röm. Gruppe V. zurückzugehen. den sie nach Bedarf umformen.
Dass wir den Typ. der Gruppe I. in der gallisch-oberital. Kunst
überhaupt nicht antreffen, könnte wohl für meine Annahme sprechen,
dass derselbe als erster entstand, und schnell durch die, besonders
im V. Jahrh. vorherrschend gewordene Form der Gruppe V. über-
holt wurde.

Aber jene erste feste Form, in die man die Geburt Chr. gefügt,
hat nicht unmittelbar nachgelebt. Sie starb aus, wie die Künstler,
in deren Phantasie sie geboren, wie die Uebung der Sarkophagplastik, durch die sie sich entwickelt. Nur rudimentär finden sich
die Teile dieses Ganzen auf den späteren lateinischen Elfenbeinen
wieder. Mit der Vernichtung des heidenchristlichen Charakters der
christlichen Kirche musste auch die Kunst Schritt halten, und so
gehen jene die altchristliche Katakombenkunst kennzeichnenden antiken Formen allmählich zu Grunde, um neuen, strenger christlichen
Platz zu machen. Und mehr noch als in der Form erfolgt nach dem
V. Jahrh. eine Umwandlung in der Tendenz der Geburtsdarstellung.
Wie dieselbe in Rom aus der Anbetung des Jesusknaben durch die
Hirten erwuchs, so blieb auch das Kind die Hauptperson, selbst
nach der Vereinigung mit der Magieranbet. Joseph wird ganz übergangen. Die Mutter Maria wird niemals als Wöchnerin oder gar
als Gebärende scharf hervorgehoben, man findet sich mit einer mehr

[1]) Auf den ravennat. Sarkoph. fehlt die Geburt, wie auf denselben überhaupt das Ornament gegen die hist. Scenen überwiegt. Vgl. darüber V. Schultze, Katak. p. 180. 181, wo aber nur die Wirkung der griech. Skulptur, nicht auch die der oberital. Sark.-Typen auf die ravennat. berücksichtigt ist.

andeutenden Gebärde des Schmerzes oder tiefer Bewegung ab. Es machte die altchristl. Kunst nicht so sehr die Geburt als die Verehrung des Kindes zur Hauptsache.

Dagegen werden wir später Maria grade in ihrer Eigenschaft als Mutter geschildert finden, auf dem Polster erschöpft lagernd, während dienende Ammen um die Wöchnerin beschäftigt sind und das Salomewunder einen breiten Raum beansprucht. Nichts wird unterlassen, um den Akt der Geburt, die Mutter Jesu als die den Gott gebärende hervorzuheben. Damit tritt die historisch-realistische Auffassung der späteren Zeit dem antikisierenden Idealismus der ältesten Christenkunst entgegen.

Aber auch in dieser älteren, mehr andeutenden Form vermag die Darstellung der Geburt in den ersten Jahrh. keine besondere Beliebtheit zu erlangen. Müntz [1]) zählt die Darstellungen der von den Päpsten des VIII. und IX. Jahrh. den Kirchen geweihten Stoffe auf, und hier finden wir nächst der Auferstehung Christi nichts so häufig als die Geburt dargestellt. Kraus [2]), der die auf den altchristlichen Sark. vorkommenden biblischen Scenen nach der Zahl ihrer Wiederholungen gruppiert, muss der Geburt fast die letzte Stelle anweisen.

Das ist ein statistischer Nachweis der zunehmenden Beliebtheit der Geburtsbilder in der zweiten Hälfte des Jahrtausends. Zu gleicher Zeit und in gleichem Masse nimmt die Marienverehrung einen gewaltigen Aufschwung, und während die kanonischen Schriften nur selten Christi Eltern erwähnen, war jetzt eine ausgedehnte apokr. Litteratur zu ihrem Preise entstanden und verbreitet. Geburtsdarstellung und Marienverehrung finden in gleichem Masse Verbreitung, beide nehmen in der ersten Hälfte dieses Jahrtausends nur eine bescheidene Stellung ein, um dann in der zweiten kräftig aufzublühen.

§ 3. Quellen der Geburtsdarstellungen der Sarkophage.

Die Bildwerke der altchristl. Kunst verdanken ihre Entstehung zu gleichen Teilen dem Christentum wie dem Heidentum. Die Kirche gab den Inhalt, die antike Kunst gab die Form. Beide Elemente müssen sich also in den Bildern der Geburt Chr. nachweisen lassen.

---

[1]) Vgl. Müntz. Études sur l'hist. de la peint.
[2]) Vgl. Kraus. Rom. Sott. Kap. VIII, ebenso Schultze, Katak. p. 173. 171.

1. Sehen wir zuerst, was die Bibel als Hauptquelle der christl. Vorstellungen dem Künstler bot, um zu vergleichen, ob und wie weit er sich an dieselbe gehalten.

Ueberaus kurz wird hier der Akt der Geburt Chr. erzählt. Matthäus[1]) sagt: „Und [er] erkannte sie nicht, bis sie ihren ersten Sohn gebar,“ um dann bei der Anbetung der Könige[2]) hinzuzufügen: „Und [die Magier] gingen in das Haus, und fanden das Kindlein mit Maria, seiner Mutter[3]).“ Lukas, der alles von Anbeginn erkundet hatte, meldet[4]): „Und sie gebar ihren ersten Sohn, und wickelte ihn in Windeln, und legte ihn in eine Krippe; denn sie hatten sonst keinen Raum in der Herberge.“ Die Hirten aber, denen Engel das Ereignis verkündet, „kamen eilend herzu, und fanden beide, Mariam und Joseph, dazu das Kind in der Krippe liegend[5]).“

Das Kindlein, in Windeln gewickelt, und in einer Krippe liegend, ist also der Mittelpunkt der biblischen Erzählung und wird auch, wie wir sahen, der Mittelpunkt, wenn nicht gar der Ausgangspunkt der bildlichen Darstellung. Die Mutter und die anbetenden Hirten werden nach den citierten Stellen beigefügt, nur Joseph, den Lukas ausdrücklich als Zeugen dieser Anbetung erwähnt, wird übergangen[6]).

2. Dagegen wird in zwei Punkten über den biblischen Bericht hinausgegangen. Zunächst erscheinen Ochs und Esel, ohne dass die Evangelien von der Gegenwart dieser Tiere an der Krippe sprechen. Welcher Quelle verdanken dieselben ihre Einführung?

Die Apokryphen können nicht herangezogen werden[7]), da erst in dem Ende des V. Jahrh. entstandenen Evangel. des Pseudo-Matthäus Ochs und Esel erwähnt sind, wogegen wir ihre plastische Darstellung bereits im Jahre 343 auf Sark. No. 2 inschriftlich beglaubigt fanden. Eine andere, ältere und gleichwertige litterarische Quelle ist nicht nachgewiesen. Es bliebe nur die Annahme einer alten Tradition

---

[1]) Matth. 1, 25.
[2]) Matth. II, 11.
[3]) Die Stelle ist zu beachten, da Magier und Hirtenanbet. oft vereint waren.
[4]) Luk. II, 7.
[5]) Luk. II, 16.
[6]) Dagegen wird der Magieranbet. Joseph oft beigegeben, entgegen dem Berichte des Matth., vgl. Garrucci 365, 2. 317, 4. 380, 4 (Sark.).
[7]) Man hätte dann wohl nicht nur die Tiere, sondern auch die Höhle angenommen, vgl. p. 36.

übrig. Diese müsste nach der Abfassung des Protevangelii [1]), aber vor 343, etwa zwischen 200 und 300 entstanden sein und so allgemeingültig geworden, dass man wohl auf Maria, nicht aber auf Ochs und Esel an der Krippe verzichten konnte.

Man glaubte, die Entstehung dieser Tradition aus zwei Pro- Jesaias I, 3. phetenstellen ableiten zu können [2]), deren erste sich findet bei Jesaias I, 3, wo der Prophet klagt, dass Israel seinen Herren nicht erkenne, und des Bildes sich bedient:

V. 3. Ein Ochse erkennet seinen Herren und ein Esel die Krippe seines Herren; aber Israel kennet es nicht, und mein Volk vernimmt es nicht.

V. 4. O wehe des sündigen Volkes etc.

Die zweite Stelle steht bei Habakuk Kap. III, 2 und lautet in Habakuk III, 2. der Uebersetzung der Septuaginta: Ἐν μέσῳ δύο ζώων γνωσθήσῃ, ἐν τῷ ἐγγίζειν τὰ ἔτη ἐπιγνωσθήσῃ [3]). Dagegen lautet die spätere Uebersetzung der Vulgata: Domine, opus tuum in medio annorum vivifica illud. In medio annorum notum facies! Auch Luther übersetzt: Herr, Du machst Dein Werk lebendig mitten in den Jahren, und lässt es kund werden mitten in den Jahren.

Später liest man also ἐν μέσῳ δύο ζώων und stützt sich dabei auf den hebräischen Urtext [4]), nach welchem jene Lesart der Septuaginta als ein Irrtum des Uebersetzers anzusehen ist. Zur Erklärung der δύο ζώων wird die Jesaiasstelle verwendet.

Diese Prophetien sind allerdings schon früh auf Ochs und Esel Zeugen für Jes. I, 3. und Habak. III, 2. bezogen worden. Dass sie auch die Einführung dieser Tiere in die bildende Kunst veranlasst haben, versuchte ein Barnabit [5]) in den

---

[1]) Das Protevangel. kennt zwar die Höhle als Ort der Geburt, aber nicht die Tiere an der Krippe, die es vermutlich doch aufgenommen hätte, wäre die Legende damals allgemein bekannt gewesen.

[2]) Cf. Baronius; Annal. Bd. 1. § 3. Dagegen Tillemont, hist. ecclésiast. Paris 1701. Bd. I. p. 4. und p. 423. Letzterer dann benutzt von dem nacherwähnten Barnabiten.

[3]) Vet. test. graec. iuxta LXX. interpret. ed. Tischendorf, Bd. II. p. 246.

[4]) Vgl. darüber Garrucci, Bd. I. p. 364, der den Wortlaut des hebr. Textes abdruckt.

[5]) Cit. von Kraus in der Encykl. II, 486. Es ist wohl der in den Ann. d. scienze relig. Ser. II, Bd. II. p. 341 erwähnte P. D. Luigi M. Ungarelli Barnabita. Die spanische Abhandl. des P. Jose Eugenio de Uriarte, El buey y el asno, testigos etc. (vgl. Kraus Encykl. II, 518), konnte ich auf keine Weise erhalten.

Annali delle scienze religiose [1]) nachzuweisen. Dieser Nachweis kann natürlich nur dann als gelungen gelten, wenn er darzulegen vermag, dass die theologische Litteratur bereits früher als die bild. Kunst, also vor 343, jene Prophetien über Ochs und Esel auf die Geburt Chr. bezogen hat.

Prüfen wir darauf die Angaben des Barnabiten, so finden wir, dass er in Anlehnung an Tillemont zunächst den Dichter Lactantius [2]) citiert. Dieser schildert aber die Krippe nur mit poetischer Freiheit als mit Kräutern gefüllt und von Tieren umgeben, wie es die dichterische Ausschmückung des evangelischen Berichtes gestattete. Weder wird von Ochs und Esel gesprochen, noch auf Jesaias oder Habakuk Bezug genommen. Dasselbe gilt von dem weiterhin erwähnten Prudentius [3]).

Auch eine angebliche Homilie des Johann Chrysost. auf St. Stephanus. deren Echtheit der Barnabit selbst (p. 374) anzweifelt, kann nicht als beweiskräftig angezogen werden. Als ältestes patristisches Zeugnis wird vom Barnabiten Origenes, Homil. XIII. in Luc. angeführt [4]). Es ist uns aber diese Homilie überhaupt nicht in authentischem Texte, sondern nur in der lateinischen Uebersetzung und freien Bearbeitung des Hieronymus (etwa 340—420) erhalten [5]), und es liegt die Vermutung nahe, dass die in Frage kommende Stelle von den Worten „illud etc." an sich als Zusatz dieses Bearbeiters erweist, umsomehr, als sie, den Schluss der Homilie bildend, bequem angehängt werden konnte. In den im griechischen Texte erhaltenen Schriften des Origenes habe ich keinen Hinweis auf den Bezug jener Prophetenstellen zur Geburt Chr. finden können. Das ist beson-

(Randnoten: Lactantius. Prudentius. Joh. Chrysostomus. Origenes.)

---

[1]) Scr. II. Bd. V. p. 369 sqq.

[2]) Lactantius (vor 350 thätig). Die Verse lauten:
Heic mihi fusa dedit bruta inter inertia primum
Acida in angustis praesepibus herba cubile.
Sogar die Zuteilung dieses Gedichtes an Lact. ist bestritten, wie der Barnabit selbst erwähnt (p. 373).

[3]) Prudentius, (geb. 348), Cathem. hymn. XI. in VIII. Cal. Jan. ed Dressel p. 66.

[4]) Cf. Origen. ed Delarue, Bd. III. p. 947. F.: invenerunt .... salvatorem iacentem in praesepio .... Illud erat, de quo propheta vaticinatus est, dicens: Cognovit bos possessorem suum, et asinus praesepe domini sui. Bos animal mundum est, asinus animal immundum etc.

[5]) Cf. Herzog und Plitt, Real-Encykl. für prot. Theol. Bd. 11. p. 97.

ders auffallend in Origenes erstem Buch contra Celsum[1]), wo er alle Prophezeiungen des alten Testamentes über die Geburt Chr. aufzählt, auch von der Krippe und der Höhle spricht, ohne doch Jes. I, 3 oder Habakuk III, 2 zu erwähnen[2]). Wäre ihm die Beziehung der Stellen auf die Tiere an der Krippe bekannt gewesen, so hätte er deren doch wohl hier gedacht. Dagegen wäre Hieronymus, der selbst in Betlehem lebte, ausführlich von Stall und Krippe erzählt[3]), und ausdrücklich dabei Jes. I, 3 citiert, wohl zu solcher Einschiebung des ihm schon geläufigen Citates befähigt gewesen.

Als zweiter Hauptzeuge wird der „Ermete circa l'anno 304" citiert. Es ist jedenfalls der Diakon Hermes gemeint, der mit seinem Lehrer Philippus, Bischof von Heraclea, gemeinsam, der Ueberlieferung zufolge, den Märtyrertod zu Adrianopel im Jahre 304 erlitten haben soll[1]). Die Rede, welche Hermes damals vor dem Tribunal gehalten hat, findet sich wortgetreu (!) bei Ruinart[5]). In derselben wird allerdings die Jesaiasstelle herangezogen, aber in ihrer ursprünglichen Beziehung auf die Störrigkeit des Menschen gegen Gott, und ohne allen Bezug auf die Krippe. Es ist daher überflüssig, den Wert der Jahreszahl 304 für die Datierung der Rede, sowie den Wert der letzteren näher zu erörtern.

Im übrigen werden nur noch Schriften genannt, die aus den letzten Jahrzehnten des IV. Jahrh. stammen. Nachdem also die bild. Kunst bereits in der ersten Hälfte des Jahrh. die beiden Tiere dargestellt, scheint man in der zweiten Hälfte desselben Jes. I, 3

(Marginal note: Hermes.)

[1]) Orig. c. Cels., Lib. I. cap. 49 sqq. ed. Delarue.

[2]) Ohne Bezug auf die Krippe sind ihm dieselben geläufig. So citiert er die Habakukstelle z. B. Com. in epist. ad Roman. Lib. III. Orig. ed. Delarue. Bd. IV. p. 515 d. Ebenso Com. in Psalm 67, 11. Orig. ed. Delarue, Bd. II, p. 753 c.

Habakuk III, 2 wird auch in einer dem Methodius (+312) zugeschriebenen (aber viel bestrittenen) Rede de Symeone et Anna, Kap. IV., sogar bei der Schilderung der Geburt Chr. citiert, ohne auf Ochs und Esel an der Krippe gedeutet zu werden. Cf. Gallandi, Bibl. Patr. Bd. III. p. 808 d.

[3]) Hieron. epist. 58 ad Paul. cf. Migne, Patrol. lat. Bd. 22. p. 581. § 321, über den Venusdienst in der Geburtshöhle. Hieron. epist. 108 ad Eustochium, Epitaph. Paulae. Patrol. lat. ed. Migne Bd. 22. p. 884. § 698. in speculum introiens ... vidit ... stabulum, in quo agnovit bos possessorem suum et asinus praesepe domini sui (Jes. I, 3).
Hieron. ebendas. § 699.

[4]) Vgl. Moroni, Dizion. di erudiz. stor. eccles. Bd. 24. p. 298.

[5]) Ruinart, Acta prim. martyr. Amsterd. 1713, p. 417.

und Habakuk III, 2 zuweilen als Erklärung für die Anbringung derselben herangezogen zu haben [1].

Es dürfte somit kein sicheres Zeugnis einer litterarischen Tradition über Ochs und Esel vor dem Jahre 343 von dem Barnabiten nachgewiesen sein.

Mit mehr Glück scheint mir derselbe die zuerst von Tillemont aufgestellte Behauptung widerlegt zu haben, dass nämlich Ochs und Esel von den Schriftstellern nur symbolisch neben der Krippe gedacht seien [2]. Neuerdings hat Grousset jene Theorie wieder aufgenommen [3]. Litterarische Beweise dafür, dass man die körperliche Gegenwart der Tiere an der Krippe, wenn sie überhaupt erwähnt werden, jemals geleugnet, bringt er nicht bei.

Dass die Kirchenväter auch diesen Tieren gelegentlich eine geheimnisvolle Beziehung beilegten, ist natürlich, wie man solche Symbolik in alle Dinge hineinzutragen suchte, ohne damit deren reale Existenz leugnen zu wollen. Der Barnabit bemerkt ganz richtig (p. 379), dass z. B. Paulus [1] die zwei Söhne Abrahams als das alte und neue Testament deute, ohne doch an der Existenz von Ismael und Isaak zu zweifeln. Auch werden die Tiere nicht übereinstimmend symbolisch gedeutet [2]. Endlich fehlt grade bei den ältesten uns erhaltenen Citaten mehrfach diese symbol. Ausdeutung, so dass es an jedem Beweise für Groussets Annahme, man habe die Tiere anfänglich nur als Symbole angebracht, mangelt. Die symbol. Deutung stützt sich überdies in ihrer Beweisführung wieder auf

[1] Vgl. die bei Tillemont und in den Annalen p. 375 angeführten Stellen.

[2] Der Ochse als judaicus populus, ingo legis attritus, der Esel als Vertreter des Heidentums, ähnlich schon in der oben erwähnten angeblichen Origenesstelle, vgl. p. 32. Anm. 4.

[3] Grousset, in den Mél. d'Archéol. et d'hist., École franç. de Rome, IVᵉ ann. (1884), p. 331.

[4] Gal. IV, 21.

[5] Die symbol. Auslegungen sind sehr mannigfach. Ausser den in den Ann. d. sc. rel. p. 376 und den bei meinem Kap. I. p. 32. Anm. 4., p. 34. Anm. 2. erwähnten auch bei Ambrosius: der Ochs -. Juden, der Esel = Heiden. Bei Augustin bedeutet der Ochs die Hirten, der Esel die Magier. Ebenso wird häufig der Christus in der Krippe vor den Tieren als Symbol des Abendmahles betrachtet, als der Heiland, der sich selbst den Unverständigen als himmlische Speise opfert. Nach Grousset wäre dann vielleicht auch die Krippe nur als Symbol für den Altar, das Christuskind als Symbol für die Hostie dargestellt. Darüber, dass man später die Dinge so auslegte, vgl. Usener. a. O. p. 282, den Sarkophagarbeitern war diese Auslegung jedenfalls nicht massgebend.

Jes. I, 3 und scheint auch nur in Auslegung dieser Stelle mit Bezug auf die Krippe entstanden zu sein, was, wie ich annahm, nicht vor 343 stattgefunden hat.

Grousset vermag sie dementsprechend auch nur bis auf St. Gregor von Nyssa zurück zu verfolgen und somit dürfte sie, als der zweiten Hälfte des IV. Jahrh. angehörend, für die Anbringung der Tiere auf den Sark. keinen Erklärungsgrund abgeben.

Und selbst, wenn es nachzuweisen gelänge, dass einige verein- ^Notwendig^ ^keit der^ zelte Jesaiascitate vor das Jahr 343 zurückreichen sollten, so bliebe ^Tiere an der^ ^Krippe.^ doch immer noch die Gewissenhaftigkeit auffallend, mit der alle röm. Künstler ohne Anlehnung an eine namhafte lateinische Kirchenautorität an der Darstellung dieser beiden Tiere festhalten.

Ich bin daher geneigt, die stete Wiederholung derselben einfach als einen künstlerischen Notbehelf gegenüber dem allzu kargen Text anzusehen [1]). Wie die Dichter Lactanz und Prudentius schlossen auch die Bildhauer aus der Bezeichnung „Krippe" auf die Gegenwart von Tieren bei der Geburt, und dem Wesen ihrer Kunst entsprechend, mussten sie diesen abstrakten Begriff durch konkrete Vertreter desselben versinnlichen. Da ferner, wie ich im Exkurs I. des weiteren ausführen werde, auf den Sark.-Reliefs das Lager des Kindes immer nur einfach als ein Bett, Kasten oder Korb dargestellt wurde, so mussten, um daraus für den Beschauer eine Krippe zu machen, notwendig einige Tiere daneben angebracht werden [2]).

Hierzu wählte man Ochs und Esel. Das waren die Haustiere, die sich nach der Anschauung der Alten am natürlichsten neben einer Krippe fanden, besonders aber in der Herberge [3]), wo der Ochse als Zugvieh, der Esel als Reittier eingestellt werden [4]). Die φάτνη βοῶν war ein so geläufiges Epitheton der Krippe, dass dieser Ausdruck ohne weiteren Grund z. B. auch in einzelnen Hand-

---

[1]) Dieser Vorgang steht nicht vereinzelt da. Den Magiern z. B. werden Pferde oder Kamele beigegeben, ohne dass diese im Evangel. ausdrücklich genannt werden.

[2]) Selbst die Beifügung der Hirten, die zudem durch Luc. II. motiviert waren, mag hierdurch mit bedingt sein.

[3]) Pferde wurden von Frauen aus dem Volke bei Reisen nicht benutzt, Schafe und Ziegen konnten nicht die Herberge charakterisieren, resp. den zur Herberge gehörigen Stall.

[4]) Gemeinsam werden beide Tiere ausser Jes. I, 3 auch Jes. XXXII, 20 erwähnt, ebenso Luc. XIII, 15.

schriften des Protevangelii auf die Jesuskrippe übertragen wird [1]). Der Esel aber war das übliche Reittier jener Zeit, auf dem auch Maria nach Aegypten, Jesus nach Jerusalem zog, und das auch Maria auf dem Zuge nach Betlehem benutzt hatte [2]). Auch auf christl. Sark. [3]) sehen wir die beiden als Repräsentanten der Haustiere den Zug der Israeliten durch das rote Meer mitmachen, wiederum nicht auf Grund einer litterarischen Ueberlieferung. Auch auf antiken Reliefs finden wir sie zusammen dargestellt, so auf einem Prometheussark. mit der Beischrift asinus et taurus [4]).

Bevor also nicht eine allgemein bekannte, ältere, lateinische Schriftquelle nachgewiesen ist, möchte ich die Einführung von Ochs und Esel als eine freie Erfindung der Künstler ansehen, die zu diesem Schritte durch die Worte des Evang. und die Unmöglichkeit, auf andere Weise das Vorhandensein der Krippe zum deutlichen Ausdrucke zu bringen, veranlasst werden. Bei der Wahl der Tiere war der Landesbrauch bestimmend. Erst nachträglich scheint auch die Sanktionierung dieser Wahl seitens der Kirche durch Heranziehung beweiskräftiger Prophetenstellen erfolgt zu sein.

Ort der Geburt.

3. Nicht die Tiere allein erscheinen als eine freie, vom Evangelientexte unabhängige Zuthat der bildenden Künstler. Auch über den Ort der Geburt gab die Bibel keine andere Auskunft, als die negative Bestimmung: „non erat eis locus in diversorio". Der natürliche Schluss war, die Mutter sei ausserhalb der Herberge, und zwar in einem, durch die im Evangelium erwähnte Krippe als Stall bezeichneten Raume niedergekommen. Wäre man im Abendland bereits mit den Apokr. bekannt gewesen, so hätte man die schon im Protevangel. citierte Höhle als Geburtsort darstellen müssen. Statt dessen fand man einen anderen Ausweg.

[1]) Cf. Thilo, p. 262 Anm. Tischendorf, p. 43, καὶ ἔθηκεν αὐτὸ ἐν φάτνῃ ϑωὶν (ϑωὶν fehlt in der Vatikan. Handschrift Nr. 455), vgl. auch Gersdorf, Beiträge etc. p. 220 sqq.

[2]) Cf. Protevangel.

[3]) Cf. Le Blant, sarc. chrét. p. 31. Pl. 32.

[4]) Abb. Müller-Wieseler, Denkm. II, Tav. 65. No. 840. Museo Pio-Clem. Vol. 4. Tav. 34. Einen Zusammenhang mit der christl. Darst. vermochte ich nicht zu entdecken. Nach Menzel, christl. Symbolik, sub Art. „Esel" soll Seel (Mithrageheimnisse, Tav. XIII) den Versuch gemacht haben, Ochs und Esel aus dem Mithraskult abzuleiten, doch habe ich das, nichts darüber finden können ausser einer Abb. einer Geburt Chr. Ein sehr spätes spartan. Relief scheint gleichfalls Ochs und Esel nebeneinander vorzuführen, vgl. Katal. Friedrichs-Wolters Nr. 1913.

Palladius[1]) spricht davon, dass das Vieh im Sommer lagern solle unter einem porticus, vel scandulis, vel tegulis, vel carricibus aut genistis tecta. Unter solchem Wetterdach, mit Schindeln, Ziegeln, Gestrüpp oder Rohr gedeckt, stellt die weström. Kunst Chr. Geburt dar, während wir im Folgenden sehen werden, wie sich für den Orient hierüber eine eigene Ueberlieferung bildete. Im Morgenland pflegen die Hirten mit den Herden in Höhlen Zuflucht zu suchen[2]), und während die weström. Kunst daher die Krippe unter das tugurium[3]) stellt, verlegt die oström. Ueberlieferung den Vorgang in eine Höhle. Krippe und Stall wurden also nicht auf Grund litterarischer Quellen gewählt, sondern der Künstler hielt sich zunächst an den landesüblichen Hirtenbrauch, den man später als geheiligte Tradition oder als Erfüllung eines Prophetenwortes nachzuweisen suchte[3]).

4. Für die übrigen Teile der Komposition war der Sarkophagkünstler in der bequemen Lage, sich an den Bibeltext und zugleich an die Vorlagen seiner heidnischen Kollegen halten zu können. Denn dass die altchristl. Bildhauer von diesen zum Teil abhängig waren, bedarf wohl heute keines Beweises[4]), wie denn überhaupt die älteste

(Marginalien rechts: Hütte (tugurium). / Antike Vorbilder.)*

---

[1] Vgl. Exkurs I. Pallad. I, 22.

[2] Vgl. Tobler, Betlehem in Palästina, St. Gallen 1849.
Derselbe legt ausführlich dar, dass die Herberge (κατάλυμα) der Evangel. nach morgenländischem Brauche eine Höhle gewesen sein dürfte, ebenso der zugehörige Stall. Das. auch über die Höhle als Stall.

[3] Bei Kraus, Encyklop. II. p. 485. wird tugurium anscheinend als „Weidenkorb“ verstanden.

[3] Schon Justinus Mart. nennt die Höhle als Geburtsort, cf. Einleit. p. 6. Anm. 1.

[4] Dafür zuerst Raoul-Rochette, Discours sur l'origine et le caractère des types imitat. de l'art chrét. Paris 1834. Ferner ders., Trois Mém. sur les antiq. chrét. Paris 1839. Separat-Abdruck aus den Mém. de l'Inst. de France, Ac. des Inscr., Tome XIII. 1838.
Gegen Raoul-Rochette's übertreibende Behauptung, die christl. Kunst sei auch in der Auswahl ihrer Motive von der Antike abhängig gewesen, vgl. bes. de Rossi, Rom. sott. Bd. I, p. 66 sqq., weiter auch Bd. II. p. 352: Finalmente la scelta dei soggetti d'argomento biblico od allegorico-cristiano per comporne i gruppi e i tipi proprii dell'arte novella fu spontaneamente ispirata e liberamente diretta dallo spirito e dal sistema del simbolismo evangelico ed apostolico, non suggerita de tradizioni pagane, nè meschinamente vincolata dal bisogno, d'imitare questo o quel modello della classica arte greco-romana." de Rossi bestreitet keineswegs die Anlehnung an antike Vorbilder, korrigiert aber a. a. O. die „esagerazioni“ und „errori“ Raoul-Rochettes. Ihm schliesst sich F. A. Kraus an, zuletzt noch in einer Polemik gegen „Hasenclever, der altchristl. Gräberschmuck,“ vgl. Kraus im Repert. für Kunstw., Jahrg. 1887 p. 189. Den antiken Einfluss

christl. Kunst formal betrachtet nur Bestandteil der absterbenden römischen ist, an deren Verfall sie [1]), vielleicht sogar in beschleunigtem Tempo, teilnimmt.

So boten sich für die Darstellung der Hirten bei der Vorliebe, die man auf antiken Sark. für pastorale Scenen hatte, reichliche Muster dar. Besonders reizte vielleicht jene Darstellung aus dem Jugendleben der röm. Stammesheroen, des Romulus und Remus, zur Nachbildung, welche den Faustulus nebst einem Genossen im Hirtengewande zeigt, die voll freudigen Staunens die Wölfin als Nährmutter der Knaben betrachten [2]). In der Kaiserzeit erfreute sich dieses Motiv besonderer Beliebtheit. Die Christen brauchten hier nur statt der jugendlichen Gründer Roms das Christuskind einzusetzen, um die Gründung des Römerreiches durch die Stiftung des Christenglaubens ersetzt zu sehen [3]). Von hier übernahm man wohl die auf den vermutlich ältesten Sark. übliche Zweizahl der Hirten [4]), von hier die mit besonderer Treue festgehaltene Gebärde des Staunens, ebenso wie die Ausrüstung mit Exomis oder Tunica und mit Pedum [5]).

sucht möglichst zu leugnen Garrucci im Text seiner Stor. d. a. crist., der im ersten Kap. für den rein apostolischen Ursprung der christl. Kunst eintritt, ehe non si debbano giudicare un aborto di abitudine prava e quasi un avanzo di costume idolatrico. Für die Antike wieder treten ein E. le Blant, Sarc. d'Arles § 4., V. Schultze, Arch. Stud. und ders., Katak. p. 95. Anm. 3. René Grousset a. a. O. p. 1, 19, 24, 35 etc., E. le Blant, Sarc. de la Gaule. Introd. p. VII.: En rappelant etc.

[1]) Vgl. Vict. Schultze, Katakomben p. 91.

[2]) Die Darstellung findet sich nicht nur auf Münzen, Gemälden, Reliefs, sondern auch auf Sark., so dass der Annahme einer Abhängigkeit der christl. Reliefs von den heidnischen für diesen Fall nichts im Wege steht. Solche Sark. bei Matz-Duhn No. 3147. No. 3519. Umfassend ist das Thema behandelt von Bachofen in den Annal. dell' Inst. (1867, p. 183. 1868, p. 121. 1869, p. 288). Unter den erhaltenen Beispielen ist bes. hervorzuheben das bek. Relief Mattei (Mus. Pio-Clementino V, 24), sowie die Reliefs der Ara Casali (Wieseler, ara casali, Götting. 1844, Katal. Friedrichs-Wolters No. 2141), vgl. auch ähnlich die Basis von Ostia Not. d scavi 1881, Tav. 11.

[3]) Auch die zweite Hälfte dieser Scene, die Wölfin mit den Kindern, finden wir im frühen Mittelalter noch wiederholt, vgl. das Kruzifix bei Gori Thes. vet. dipt. III, Tav. 22.

[4]) Auffallend ist vielleicht, dass man die christl. Hirten stets ohne Hut bildet, der auf den heidnischen Vorbildern häufig ist. Dagegen Hirten ohne Hut auf einem ant. Relief bei Gerhard, Antik. Bildw. Nr. 118, 3 u. s. w.

[5]) Wer die Sark. der Gruppe I. als die ältesten anerkennt, wird hierin durch die Beobachtung unterstützt, dass gerade diese am strengsten an dem antiken Vorbilde festhalten, das auf den anderen zurücktritt.

Die Gestalt der Maria endlich ist vermutlich auch den antiken   Maria.
Reliefs entnommen, auf denen Wöchnerinnen in gleicher Situation,
ja oft in gleicher Kleidung und Haltung gegeben sind. Wenn wir
aber absehen von Heroen und Göttergeburten [1]), so gehören die vorhandenen Geburtsdarst. dem als „vita communis" oder „vita humana"
bekannten Cyclus an [2]), der grade auf röm. Sark. der spätesten Zeit
beliebt ist. Nicht der Akt der Geburt, sondern die erste Waschung
des Neugeborenen wird hier gegeben, der die Wöchnerin in er-
schöpfter Lage, halbsitzend, mit aufgestützter Rechten und mit der
Linken in das Kopftuch greifend, beiwohnt. Jenes Aufstützen des
Armes möchte ich für ein mit Bedacht zur Bezeichnung der Er-
mattung nach der Geburt gewähltes Motiv [3]) erklären, wie sich auch
Zeus nach der Geburt des Dionysos [2]) in gleicher Haltung findet.
Die christl. Sark.-Arbeiter zu Rom hielten wohl nicht ohne Absicht

[1]) Vgl. darüber Kap. II.
[2]) Vgl. a) Fragment im vatican. Mus. Abb. Raoul-Rochette, Mon. ined.
Pl. 77, 2. p. 408. Anm. 3.
   b) Sark. Sacchetti, jetzt Capitol. Abb. Bartoli, Admir. Roman. Antiq.
vest. tav. 65.
   c) Sark. Borghese Louvre, Abb. Clarac, Tom. II. pl. 153. N. 459.
   d) Sark. Torlonia, Abb. bei Raoul-Rochette, Mon. ined. Pl. 77, 1. p. 406,
s. auch Visconti, Mus. Torl. No. 414.
   e) Sark. Medici, Florenz. Abb. Guattani, Mon. ined. 1784. Giugno. Tav. I.
Winkelmann, Mon. in. Nr. 184.
   f) Sark. Panfili, Matz-Duhn, II. No. 3087. Abb. Beger, Spicil. p. 136,
vgl. auch das Verz. von Wernicke, Arch. Ztg. 1885. p. 210. Auf dem cit. vatican.
Fragm. a. trägt die Mutter, im Korbstuhl sitzend, das gewickelte Kind auf dem
Schosse (s. auch Winkelmann, Mon. in. No. 71), während der Vater hinter dem
Stuhl steht. Diese Scene diente offenbar den christlichen Darstellern der Magieranbetung zum Vorbild (vgl. auch Roh. de Fleury, l'Évangile). Ob die anbetenden
Magier dem gleichen Sark.-Typus entnommen wurden (vgl. Wernicke, Röm. Mitth.
1888. p. 94, dazu Abb. Arch. Ztg. 1885. T. XIV.) bleibt fraglich, da ihre Erfindung
wohl der Wandmalerei zukommt. Wegen der phryg. Kostüme der Magier sei
hier bes. an den Einfluss der weitverbreiteten Bildwerke des Mithraskultus erinnert,
vgl. auch geschenkbringende Orientalen auf dem Dipt. bei Gori, Thes. vet. dipt.
T. II. p. 163 sqq.
   [3]) Im weiteren Sinne als Zeichen der Erschöpfung und Trauer findet es sich
bereits auf hellen. Sark., vgl. Andromache und Achill auf einem Sark. aus Ephesos.
Abb. Michaelis, ancient marbles in Great Britain, Abb. II. VI. Woburn Abbey.
Nr. 219. Labus, Mus. di Mantova, Vol. I. Tav. IX. p. 29. bemerkt dieselbe Bewegung auf einem Medeasarkophag als una positura di languore e quasi di sveni-
mento. In dieser Absicht wird sie öfter verwendet.
   [4]) Mon. dell' Inst. Vol. II. Tav. 41, A. Müller-Wieseler, Denkm. Nr. 392.

6

daran fest, während es wieder für die provinziale Plastik charakteristisch ist, dass sie für diese richtig empfundene Figur eine nichtssagende matronale Gestalt den heidnischen Sark. entlehnen. Die Badescene wird nicht mit übernommen. Höchst wahrscheinlich war also die Hirtenaubet. schon feststehender Typ. geworden, als man aus der vita humana die Gestalt der Wöchnerin herübernahm, da doch sonst wohl diese antiken Geburtsdarst. auf eine sich neu bildende Komposition der Geburt Chr. grösseren Einfluss geübt hätten.

5. Nach dem bisher Ausgeführten glaube ich annehmen zu können, dass die christl. Sarkophagkünstler des IV. und V. Jahrh. ihrer Darstellung der Geburt Chr. den kanonischen Evangelientext zu Grunde legten, unbeeinflusst von Apokr. oder legendarischer Ueberlieferung. Dass sie damit aus dem antiken Formenschatze verbanden, was dem Gegenstande angepasst schien, gelegentlich auch selbständig zu ergänzen[1]) verstanden. Unbefangen verband man dabei die Erzählungen der Magieraubet. bei Matthäus mit der Hirtenaubet. des Lucasevangelii. Ueberhaupt macht sich in keiner Weise der noch von de Rossi, de Waal[2]) u. a. behauptete direkte Einfluss einer bibelkundigen, kirchlichen Oberleitung[3]) der Sarkophagplastik fühlbar. Es ergiebt sich vielmehr eine unmittelbar künstlerische Gestaltung der Aufgabe[4]) ohne Rücksicht auf dogmatische oder symbol. Anforderungen, und mit freien, von keiner kirchlichen Vorschrift geforderten Abweichungen kund. Wie Glauben und Lehre des höheren Klerus in der patristischen Litteratur, so tritt uns das religiöse Denken und Empfinden des Laienstandes in den Werken der bild. Kunst, welche ja von Laien erfunden und ausgeführt wurden, vornehmlich entgegen.

Exkurs I.

Krippe und Wiege in der Antike.

Bildeten die Sarkophagkünstler das Jesuskind in einer Krippe oder substituierten sie derselben andere Formen? Zur Beantwortung

---

[1]) Ochs, Esel, Stall.
[2]) Vgl. Kraus, Encykl. II. p. 725 u. a.
[3]) Dagegen auch Victor Schultze, Kat. p. 96. Anm. 4.
[4]) Die Hirtenanb. sahen wir aus der schöpferischen Phantasie der Skulptoren und unter Benutzung antiker plast. Originale entwickelt, nicht aber nach malerischen Vorbildern kopiert, was eine gewisse Selbstständigkeit der Sark.-Künstler gegenüber

stellen wir zunächst die Form der Krippe, dann auch die der angeblich dafür eingetretenen Wiege fest. Die Kr. habe ich auf antiken Monumenten nicht gefunden. Handbücher antiker Privataltertümer enthalten nichts darüber[1]). Ich muss versuchen, aus einzelnen, keinen Anspruch auf Vollständigkeit machenden Notizen ein Bild der antiken Kr. zu gewinnen. Krippe der Griechen. Die φάτνη bereits bei Homer[2]), jedoch meist ohne Epitheton. Nur Ilias Ω 280[3]) lässt an wohlgeglättete Kr. von Holz oder auch Stein denken. Diodor[4]) vergleicht sie mit der Lacunariendecke, und die Richtigkeit dieses Vergleiches wird unterstützt durch die anderweit gezogene Parallele[5]) zwischen dem Alveolarrand[6]) des Kiefers und den Phatnai.

Danach unterscheiden sich die Kr. der Griechen nicht von denen unserer Kuhställe, sind lange, durch Scheidewände in kleinere Räume zerlegte Kästen aus Holz, vielleicht auch aus Stein.

Die Notizen der lateinischen Autoren, bes. der „scriptores rei rusticae"[7]) sind hier dürftig. Der übliche Name der Kr. praesepe Krippe der Römer. (praesepis, praesepium [8]), bezeichnet zunächst jedes Tiergehege, dann den Stall[9]) und speciell die Kr. Varro[10]) hat nur die unbestimmte Wendung „praesepiae laxae" (I, III, 6). Cato (IV, 1) verlangt „bubilia bona, bonas praesepis, faliscas clatratas", gute Rinderställe, gute Kr. und vergitterte Raufen. Daraus geht hervor, dass er auch in Kap. XIV. unter praesepis bubus hibernas vermutlich Kr. (nicht, wie Rich a. a. O. annimmt, Ställe, die er ja als bubilia nennt) meint, und den Winterkr. „aestivas faliscas", d. h. Sommerraufen, entgegensetzt, so dass wir im Gegensatz dazu die Kr. massiver, etwa kastenartig, denken müssten. Bei Varro I, 3, Palladius I, 21, Vitruvius VI, 9

der Malerei erweist. Im Gegenteil scheint das Fresko von S. Sebastiano (Kap. I. § 1.) nur eine Kopie dieser von der Plastik geschaffenen Komposition zu sein.
1) Ausser bei Rich., Röm. Altertümer.
2) Ω 280, Z 506, O 263, K 568, E 271 der Ilias, J 535 J 411 der Odyssee.
3) καὶ τούτον μονόλιθος ἦν ὀροφῇ φάτναις τισι διαγεγλυμένη (Diod. Sic. 1, 66).
4) ἐπίταλλεν εὐξέστῃ ἐπὶ φάτνῃ.
5) Es bleibt gleichgültig, ob unter φάτναι der processus alveolaris, limbus alveolaris, oder einzelne Zahnfächer verstanden sind.
6) Cf. Poll. II, 93. Gallen. Vol. II. p. 336, 12. 432, 7.
7) Scriptores rei rust. vet. lat. ed. Matth. Gesner. Leipzig 1773.
8) Nicht, wie Rich. a. a. O. meint, patena, das nur gelegentlich für das griech. φάτνη gebraucht wird.
9) Virgil. Aen. VII, 275.
10 I, III. 6. II, II, 19. II, v, 16.

(caprilia et novilia) praesepe nur in der Bedeutung „Stall". Danach liegt kein Grund vor, dass die röm. Kr. sich von der griech., resp. von unserer heutigen unterschieden habe.

Varro II, II, 19 spricht von Kr. in Schafställen, im allgemeinen aber werden dieselben für Pferde, Zugvieh und Rinder erwähnt (unter Zugvieh hier wohl Maultiere oder Esel zu verstehen), wie Columella I, 6 „bos aut iumentum" als für die Höhe der Kr. massgebend hinstellt. Der Esel an der Kr. hat in der antiken Welt sogar eine gewisse Unsterblichkeit erlangt, da mit Phatnae (φάτναι) ein dunkler Fleck benannt wurde, der sich zwischen den zwei „aselli" genannten Sternen im Sternbilde des Krebses findet.

Die Krippe der Alten scheint danach im ganzen der heute üblichen gleich gewesen zu sein.

Krippe oder Lager? Wie ist die von der eben bezeichneten Form abweichende Darstellung der Kr. auf Sark. zu erklären? Die Sark. der Gruppe III. und IV. zeigen einen auf Holzböcken ruhenden Kasten mit hoher Rücklehne, welcher eher auf Wiege oder Bett*), als auf Kr. schliessen lässt. Auch auf den röm. Sark. sehen wir einen strohgeflochtenen Korb, der, als zur Aufnahme feuchten und flüssigen Futters ungeeignet, kaum eine Kr. darstellen dürfte.

Bei den Sark. der Gruppe I. und dem Fresko in S. Sebastiano ist aber ganz offenbar keine Kr. dargestellt. Vielmehr dürfte das Kind hier auf einer, zuweilen mit einem Tuch überdeckten Kline ruhen. Aehnliche Darstellung Mem. dell' Jnst. 1865. Tav. XV. auf einer ceretaner Vase älteren Stiles, das gewickelte Kind (der jugendliche Hermes) auf einer, mit Polster und Kopfkissen versehenen, aber auf Rädern stehenden Kline. Wenn auch selbstverständlich Einfluss dieses Monumentes auf die christl. Künstler völlig ausgeschlossen ist, so erläutert es doch einen Gebrauch, der auch in christl. Zeit noch geherrscht haben dürfte.

Wiege. Mehrfach sind jene angeblichen Kr. für Wiegen erklärt worden. Martigny[1] nennt sie als „berceau", Forcellini[2] desgleichen. Dürfen wir sie aber für Wiegen halten?

---

*) Ganz gleich ist auf gall. Sark. das Bett gebildet, auf dem Jairi Töchterlein der Auferweckung harrt, vgl. le Blant, Sarc. de la G., pl. 40, 48, 53.

[1] Martigny, Dict. des ant. chrét. sub Art. nativité.

[2] Forcellini, Totius latin. lexic. ed. de Vit. Bd. IV. p. 820 not. In sarcoph. Christianorum aliquando repraesentatur praesepe, sive incunabula viminea.

Nach Becker-Göll[1]) waren bei den Griechen zwei Hauptformen der Wiege in Gebrauch, die muldenförmige, niedrige σκάφη (bei den Römern cunae genannt) und das λίκνον, letzteres nach Beckers An- *λίκνον.* nahme stets schuhförmig gebildet und mit Handhaben zum Aufhängen an Stricken versehen. Diese Annahme gründet sich wohl auf jene schuhförmige W., in der wir den Hermesknaben auf der Aussenseite einer Trinkschale abgebildet finden[2]). Nun ist aber Liknon zunächst eine allgemeine Bezeichnung für einen strohgeflochtenen, mit Handhaben versehenen Korb. Jahn[3]) erwähnt ein dem Modius ähnliches Gerät, Liknon genannt, das in bacchischen Prozessionen getragen wird. Es ist der Korb, in welchem Bacchus und anderen Gottheiten die Erstlinge der Früchte dargebracht, im bacchischen Zuge auch der Phallus getragen wurde[4]). Eben dieser Korb dient auch als Getreideschwinge, als Wurfschaufel und scheint endlich auch als W. verwandt zu sein. Danach ist ein strohgeflochtener, flacher, vorne offener, seitwärts und rückwärts mit einem Rande versehener Korb zu denken, der beiderseits Henkel hat[5]), (cf. Abb. bei Gerhard[6]). Aehnlich, aber nicht ganz gleich (weil vorne geschlossen), die oben erwähnte schuhförmige Hermeswiege, die danach wohl nicht als Typ. des Liknon aufgeführt werden darf, wenn sie ihm auch nahe stehen mag.

Die σκάφη ist ein muldenförmig oder trogartig ausgehöhltes Ge- *σκάφη.* rät. Sie dient als Waschwanne, als Becken zur Fusswaschung, überhaupt zur Aufnahme flüssiger Gegenstände. Auch sie ist flach, niedrig, dazu auf der Unterseite abgerundet, gemeinhin aus Holz geschnitzt. Sie wird mehrfach benutzt, um Säuglinge darin auszusetzen, wie Jahn bei einer Scene aus dem Leben des Pelias und Neleus annimmt[7]). Eine der σκάφη analoge Form möchte ich daher

---

1) Charikles II. p. 31 sqq., vgl. auch Herrmann, griech. Privataltert. 3. Aufl. p. 288. Anm. 4, p. 289. Anm 1. Marquardt, Privatleben der Römer, p. 89. 120.

2) Mehrfach abgeb. z. B. Mus. Gregor. Etr. II, 83. Arch. Ztg. 1844, Tav. XX.

3) Leipziger Berichte (der kgl. sächs. Ges. etc.) 1854, p. 243 sqq.

4) Soph. Fr. 721. D. Anth. VI, 165, 6.

5) Panofka (Bilder ant. Lebens, 18. 1) bildet als Liknon einen runden Korb ab, in dem der Bacchusknabe ruht, der aber ein Fruchtkorb, nicht Liknon ist. Vgl. auch die Abbildungen desselben bei Campana, antiche op. in plast., Tav. 50, der das Gerät als Sieb beschreibt, und ihm kreisrunde Form gibt (Panofka ovale).

6) Vgl. Gerhard, ant. Denkm., 111, 1. 111, 3.

7) Vgl. die Erläuterung Jahns, Arch. Ztg. 1853. p. 127 zur Erklär. des Spiegels im Mus. Gregor. I. 22.

auch in jenem Gefässe erkennen, in dem Romulus und Remus auf
einem Wandgemälde des Esquilin[1]) im Tiber ausgesetzt werden, und
die als solche auch Daremberg und Saglio[2]) erwähnen.

Ausser den erwähnten sind mir Abb. antiker W. nicht bekannt

Römische Wiege. geworden[3]). Die Wiege der Römer[4]) hat nach Rich's Angabe[5])
gewöhnlich die Form eines Troges oder Nachens, d. h. also wohl
die Form der σκάφη.

Rich giebt dazu eine Abbildung[6]), wohl dem früher erwähnten[7])
Sark. Sacchetti entnommen, und danach eher Badewanne als W.
darstellend[8]). Eine zweite Abbildung das. nach einer späteren
Genesishandschrift[9]).

Nach Müller-Mothes[10]) erhält sich die muldenförmige, aus Holz
geschnitzte und auch zuweilen aus Stroh geflochtene W. noch bis
in das XII. Jahrh., wo sie dann die Form eines Bettkastens mit

Schluss. untergelegten Wiegehölzern annimmt. *Λίκνον* und *σκάφη*, sowie die
der letzteren entsprechende cunae der Römer erscheinen somit in
mannigfacher Form und Benutzung, aber durchgehends als niedrige,
flache Geräte, aus Holz geschnitzt oder aus Rohr geflochten. Zum
Schaukeln sind sie entweder unten abgerundet oder mit Handhaben
zur Anbringung der Stricke an den Seiten versehen. Eine eigent-

---

[1] Monum. dell' Inst. X. Tav. 60a. Text in den Annal. dell' Inst. p. 234 sqq.
Nach Plutarch (Rom. III) wurden Romulus und Remus in einer Wiege ausgesetzt
ἐνθέμενος οὖν εἰς σκάφην τὰ βρέφη Plut. Rom. Kap. III.,

[2] Vgl. Dict. des antiq. grecques et rom., sub Art. cunae. Daselbst auch ein
Kind in der σκάφη liegend abgeb.

[3] Es ist für unsere Kenntnis der antiken Wiegenformen bedauerlich, dass
Kinder selten in der Wiege dargestellt werden. Auch der schlangenwürgende
Herkulesknabe wird meist auf der Erde oder auf einer Kline sitzend gebildet vgl.
Arch. Ztg. 1868, p. 33 ff.

[4] Cunae, cunabula; incunabula (Windeln) nur metonym. für W.

[5] Anthony Rich, Röm. Altert. sub Art. cunabula.

[6] Ohne Quellenangabe.

[7] p. 70, Anm. 3.

[8] Vgl. bes. die mit dem Handtuch der Waschung assistierende Dienerin. Vgl.
auch Becker, a. a. O. II. p. 77.

[9] Publ. Lambeccius, Comment. Bibl. Caes. III, 29.
Ueber die Verwendung der Cunae, vgl. übrigens auch Mart. 11, 39.
Galen. de sanit. tuend. Vol. XVI. p. 37. ed. Kühn, u. a. Ueber cunae vgl. auch
Becker, Gallus, Bd. II, 2. p. 77. vgl. auch die Kap. III. p. 110, Anm. 1. er-
wähnte Wiege.

[10] Müller-Mothes, arch. Wörterb., sub Art. Wiege, vgl. auch Viollet-le-Duc.
Dict. du mobil. franç. Bd. I, p. 38.

liche Wiege darf man danach auf den Sark, nirgends annehmen und dieser Gedanke wird schon durch die Grösse der betreffenden Korbformen ausgeschlossen. Es bleibt, wie ich glaube, nur übrig, in Gruppe I. eine Kline anzunehmen. In den übrigen Fällen aber einen Korb oder Kasten, zuweilen mit erhöhter Rücklehne, wie solche als primitive Kinderbetten zu allen Zeiten benutzt sein werden. Es wird so verständlich, warum die Tiere als Kennzeichen der Krippe unentbehrlich wurden, und diese niemals ohne dieselben gebildet wird.

Kapitel II.

Die Geburt Christi in der oströmisch-byzantinischen Kunst.

--

1. Wie in der weströmischen, so lässt sich auch in der oströmisch-byzantinischen Kunst die Geburt Chr. in ihrer Entwicklung verfolgen, allerdings nach dem mir vorliegenden Material [1]) erst seit dem VI. Jahrh., zusammenhängend sogar erst seit Ausgang des VIII. Jahrh.

Dagegen findet sie sich nicht unter den kümmerlichen Resten, die aus der glänzenden Periode der byzantinischen Kunst auf uns gekommen sind [2]). Nur einen Nachklang glaube ich in einem nachstehend besprochenen Miniaturbild erkennen [3]) zu dürfen.

----

[1]) Aus dem eingangs des Kap. III. angeführten Grunde beschränke ich mich zunächst auf byzantinische Monumente, die ravennat. und italisch-byzant. dem Kap. III. überlassend.

Von Miniaturen sind im allgemeinen nur die in Abb. zugänglichen berücksichtigt, unter Uebergehung derjenigen, welche in div. Kat., bes. der Pariser (Bordier, Descr. des peint. cont. dans les mss. gr. de la Bibl. nat., Paris 1883) und Londoner (Birch and Jenner, Early Drawings and Illum. in the Brit Mus. Lond. 1879) Samml., ferner bei Unger (in Ersch und Gruber, Encyklop. p. 474), bei Dobbert (Styl Niccolo Pisanos, p. 38, 39), bei Basilewsky (Cat. rais. de la coll. Basil. par A. Darcel et A. Basilewsky, p. 19. Nr. 57, p. 20. Nr. 60) etc. kurz erwähnt werden. Einzelne, bei Kugler, kl. Schriften, bei Waagen, Künstler und Kunstwerke in Deutschland (Bd. I. p. 96, 105, 112. Bd. II, p. 190. 192, 194), ferner in Kunstw. und K. in England (Bd. II, p. 442) erwähnte Miniat. gehören in spätere Kapitel. Unberücksichtigt bleiben auch die bei Westwood, Fict. iv., p. 410 (oben), p. 405 (unten), p. 373 (unten), p. 76. Nr. 171, p. 89, Nr. 198 u. s. w. ohne Angabe über resp. Abb. aufgezählten Elfenb.

[2]) Vgl. besonders Bayet, Réch. pour servir à l'hist. de la peint. Paris.

[3]) Vgl. p. 48.

2. Dagegen sind uns vom Ausgang des VI. Jahrh. zwei byzant. Darstellungen der Geburt Chr. erhalten, die eine in dem syrischen Bibelcodex des Rabula vom Jahre 586 (Kat. Nr. 21), die andere auf einer Ampulla zu Monza (Kat. Nr. 35), angeblich aus dem Jahre 584, vielleicht auch um einige Jahrzehnte später [1]). Die Darstellung des syr. Codex ist von höchster Einfachheit, Der syrische Codex. denn neben dem Lager des Kindes sitzt nur Maria, während hinter demselben Joseph [2]) staunend den Neugeborenen betrachtet. Ob diese Einfachheit das Werk des Kopisten, d. h. durch die verkürzte Wiedergabe des ursprünglich reicher ausgestatteten Originals verursacht ist, wäre festzustellen. Die Zeichnungen sind im Codex zu beiden Seiten einer architektonischen Bogenstellung [3]) aufgereiht, wodurch ihre Breitenentwicklung gehemmt wird und überdies sind die Blattränder nachträglich rücksichtslos beschnitten [4]). Auf der Geburt macht sich das darin bemerkbar, dass nur die linke Hälfte des den Hintergrund überspannenden Bogens erhalten, dagegen die kleinere, rechte Hälfte abgeschnitten ist. So könnte man annehmen, dass auch Ochs und Esel, deren Fehlen hier auffällt, aus einem jener beiden Gründe auf unserer Kopie in Wegfall kamen. Doch lässt sich das auch anders, und, wie ich glaube, befriedigender erklären. Die den Hintergrund füllende Zimmerarchitektur und das mit bunten Kissen belegte Ruhebett des Kindes beweisen uns, dass offenbar weder Krippe noch Stall als Ort der Geburt gedacht wurden, sondern ein Zimmer, bei welcher Auffassung für das Anbringen der Tiere kein Grund vorhanden war [5]). Sonstige Abkürzungen anzunehmen sind wir kaum berechtigt.

Auf dieser syr. Darstellung fehlt somit nicht nur vieles, das auf späteren Geburtsbildern regelmässig wiederkehrt [6]), sondern auch das Vorhandene zeigt eigene, von den sonst in Ostrom üblichen abweichende Motive. So sitzt Maria, Joseph aber steht hinter dem

---

[1]) Vgl. Kat. Nr. 35.
[2]) Vgl. Kat. sub Nr. 21. Anm.
[3]) Die in der byzant. Kunst bes. beliebte Einfassung der Kanonestafeln.
[4]) Vgl. Kondakoff, Hist. de l'art byzant. Par. 1886, p. 121. Anm. 3.
[5]) Das würde der Annahme entsprechen, dass die älteste christl. Kunst die Tiere nicht auf Grund litterarischer Quellen, sondern nach Bedarf zur Lokalbezeichnung anbrachte.
[6]) Ausser den Tieren der doch gewiss nicht aus Raummangel fortgelassene Stern, die Darstellung schliesst sich ziemlich eng an den Evangelientext an.

Kinde, das im Zimmer auf einem Bett ruht. Da wir zudem in dieser Miniatur die Kopie eines älteren Vorbildes vermuten dürfen [1]), so scheint es mir zulässig, hier an einen ersten oström. [2]) Typ. der Geburt Chr. zu denken, der somit geeignet wäre, uns den verlorenen Typ. der konstantin. Periode zu ersetzen. In Einzelheiten (sitzende Maria, der staunende Mann etc.) steht derselbe sogar gallisch-oberital. Skulpturen näher, als den späteren byzant., ohne dass deshalb ein Zusammenhang oder Abhängigkeitsverhältnis angenommen werden muss [3]).

Ampulla von Monza. Noch während der Herrschaft dieses ältesten uns bekannten oström. Typ. scheint sich im VI. Jahrh. ein zweiter gebildet zu haben [4]), wie sich aus der Betrachtung der monzeser Ampulla ergiebt. Zwischen dieser und dem syr. Codex existiert ein einziger Vergleichungspunkt, die Hintergrundsarchitektur. Doch ist diese auf dem Monzeser Exemplar zu undeutlich, um daraus Schlüsse zu ziehen. Es hat aber den Anschein, als ob auch hier an eine Höhle noch nicht gedacht sei [5]), da der die Komposition in der Mitte durchschneidende Streifen weit eher an die auf anderen Reliefs der Ampulla vorkommende Wolkenbank erinnert [6]).

Bei beiden fehlt die Höhle, sonst aber mangelt jede Uebereinstimmung zwischen dem syr. Codex und der monzeser Ampulla. Die letztere zeigt vielmehr die Madonna auf einem Polster lagernd, den hl. Joseph zur Seite kauernd, das Kind in der Krippe und daneben die Tiere.

---

[1]) Composition. Stil und Technik der Malereien verweisen auf ältere Vorlagen. Vgl. auch Kondakoff, Hist. d. l'art byz. p. 121. Cet évangile .... se rattache à la période précédente.

[2]) Dass ein speciell syr. Typ. vorliegen sollte, ist bei der sonst zu beobachtenden gleichmässigen Verbreitung der Typ. kaum anzunehmen, auch Kondakoff a. O. bemerkt davon nichts.

[3]) Vgl. die Darlegung der Beziehungen zwischen den ältesten christl. Monum. des Morgen- und Abendlandes bei Bayet, Réch. pour servir à l'hist. de la peint. en Orient, Par. 1879, vgl. auch Springer in der Einleit. zu Kondakoff', Hist. de l'art byz. p. 3. Bayet fasst seine Resultate in den Satz zusammen: Der Orient schafft die Typen, der Occident conserviert sie. Eine Vergleichung der Sark.-Skulpturen und des über ihre Entstehung Gesagten mit dem syr. Codex scheint mir in diesem Falle eine von orientalischen Einflüssen freie Entwickl. der Geburt im Abendlande zu beweisen.

[4]) Wohl unter dem beginnenden Einflusse der Apokr.

[5]) Eher könnte es eine Art Bett oder Lager vorstellen.

[6]) Ueber die Höhle vgl. auch Kap. III. p. 122. Anm. 5.

Aehnlich schildert uns die Geburt der gleichfalls dem VI. Jahrh. Choricius von Gaza.
angehörende Rhetor Choricius von Gaza [1]) in seinem, durch die
Mischung von Gemäldebeschreibung und Deutung ebenso weitläuf-
tigen als ungenauen Bericht über Wandgemälde in einer Kirche
seiner Vaterstadt.

Er beschreibt die Madonna, die mit aufgestütztem Arme neben
der Krippe lagert, an der Ochs und Esel stehen [2]). Dass Joseph
nicht erwähnt wird, dürfte eine der zahlreichen Flüchtigkeiten des
Beschreibers sein, der die vielleicht etwas abseits kauernde Gestalt
übersah. Diesen neuen Typ. der Geburt vermögen wir in Byzanz [3]) nicht
vor dem Ende des VI. Jahrh. nachzuweisen, und er mag wohl eine
Erfindung dieses Jahrh. sein, wie auch die als Wöchnerin erschöpft
liegende Madonna an Stelle der ruhig sitzenden Mutter eine im
Sinne jener mehr realistischen Periode geschaffene Gestalt ist. Wir
werden die liegende Madonna und den sitzenden Joseph von nun
an als Grundform aller byzant. Geburtsbilder wiederfinden, wie auch
sonst die Schöpfungen des VI. Jahrh. für die byzant. Kunst grund-
legend sind [4]).

3. Die Monzeser Ampulla und der erwähnte Rhetor geben noch Hirtenverkündigung i. VI. Jahrh.
zu einigen weiteren Bemerkungen Anlass. Nachdem Choricius die
Geburt beschrieben, erzählt er sogleich die Verkündigung der Hirten.
Doch ist nicht anzunehmen, dass beide Scenen vereint dargestellt
waren, da er die Nutzanwendung aus dem Geburtsbilde zwischen
beide schiebt, die Hirtenerzählung auch als gesondertes Thema mit
dem Schlussworte abschliesst [5]): „das also waren die Hirten!" Beide
Scenen folgten wohl aufeinander wie bei Lucas.

Drei Hirten befanden sich auf dem Bilde, im Hirtengewand
mit Stäben. Vor ihnen die weidende Herde und der aufschauende

[1]) Choricii Gazaei orat., declamat., fragm. ed. cur. Jo. Fr. Boissonade.
Paris 1846.

[2]) Chor. Gaz. a. a. O. τις Μαρχιανόν p. 92.
"Ονος ἐνταῦθα καὶ βοῦς, καὶ φάτνη καὶ βρέφος. καὶ κόρη (sc. Maria) πρὸς
εὐνὴν ἀνακλίνουσα, τὴν μὲν λαιὰν ὑποθεῖσα τῷ τῆς ἑτέρας ἀγκῶνι, τῇ δεξιᾷ δὲ
τὴν παρειὰν ἐπικλίνουσα.

[3]) In Ravenna treffen wir ihn einige Jahrzehnte früher, vgl. Kap. III.

[4]) Ausser der architekton. Reform unter Justinian bes. die Erneuerung der
musivischen Kunst, vgl. darüber auch Kondakoff, a. O. Kap. IV. Einl.

[5]) Chor. Gaz. a. a. O. p. 92. ταῦτα μὲν οἱ ποιμένες.

Hund. Sie erhoben den Blick zu einem offenbar über ihnen schwebenden Engel. Ein grosser Stern aber leuchtete auf ihrem Pfade [1]). So wie sie hier geschildert ist, finden wir die Komposition noch im XI. Jahrh. in dem vatikan. Manuskr. Nr. 1156 [2]). Im VI. Jahrh. treffen wir sie schon auf mehreren jener Monzeser Ampullen [3]), wo sie aber mit der Magieranbet. zu einem Bilde vereint sind, ohne dass jedoch andere als die durch die Einfügung in die Kreisform bedingten Aenderungen vorgenommen wären. Oben schwebt der radförmig gebildete Stern, auf den ein Engel hindeutet [4]). Rechts befinden sich die drei Hirten, welche den Stern betrachten und auf ihn zeigen. Unten füllt eine Herde von Lämmern und Ziegen den Raum.

Magieran-
betung im
VI. Jahrh.

Das VI. Jahrh. besitzt somit für die Hirtenanbet. bereits einen eigenen, festen Typ., der auch bei der Zusammenstellung mit anderen nicht mehr wesentlich modifiziert wird. Mit der Geburt aber scheint man ihn damals noch nicht vereint zu haben [5]).

Ziehen wir von der Summe der auf jenen Ampullenmedaillons dargestellten Figuren diese Hirtenanbet. ab, so bleibt als Restbestand die thronende Maria mit dem Kinde, die drei Magier, und ein sie führender Engel. Es sind das die Bestandteile, aus denen sich im VI. Jahrh. in Ostrom die Magieranbet. zusammensetzt [6]). So begegnen wir den drei Magiern, die ein geflügelter Engel der Madonna zuführt, auch auf dem Ambo zu Thessalonike wieder [7]), gleichfalls dem

---

[1]) Chor. Gaz. p. 92. *Tois noiµένας βοή τις ἐξ οὐρανοῦ τῶν θρεμμάτων ἀπεβοηκόλισε, καὶ τὰς οἷς ἀµέλει καταλιπόντες . . . νενομένας. καὶ τῷ κυρὶ τῆς ἀγέλης τὴν φυλακὴν ἐπιτρέψαντες, τοὺς αὐχένας αἴρουσιν, εἰς αἰθέρα τὴν ἀκοὴν ἰθύνοντες, ἄλλος ἄλλως ἑστηκότες . . . . καὶ τοῖς μὲν αἱ καλαύροπες ὀρχίσαι φέρονται τῷ δὲ, πρὸς μὲν τὴν ποίμνην ὀργεῖ, θατέρᾳ δὲ συμμαχεῖ τοῖν χεροῖν. τὴν γὰρ δεξιὰν ἀνάσχων, ἐμοὶ δοκῶ, τεθαύμακε τὴν βοήν . . ., καὶ συναυτήσας ἄγγελος, ὡς ὁρᾶς, τὴν εὐθέτητα τοῦ βρέφους αὐτοῖς ὑποφαίνει . . . . τοῖς δὲ νομεῦσιν ἤγεῖ ται τῆς πορείας ἀστήρ.*

[2]) Vgl. Roh. de Fleury, La ste. vierge. Bd. I, Tav. 24.

[3]) Vgl. Garrucci, 433, 7. 433, 9. 434, 1.

[4]) Auf der Amp. (Garrucci, 434, 1) trägt er ihn sogar zusammen mit dem Engel der Magieranbetung.

[5]) Sichtlich unterscheidet sich diese Hirtenverkündigung von der Hirtenanbet. der Sark.

[6]) Ob dieser Typ. byzant. Ursprungs ist, habe ich hier nicht zu entscheiden, vgl. dazu de Rossi in Bull. di arch. crist. 1885. p. 45, der einen latein. (?) Sark. mit der gleichen Darst. in das IV. Jahrh. datiert.

[7]) Garrucci 426, 1. Ausfürlich behandelt von Duchesne et Bayet, Mission au mont Athos in der Biblioth. des écoles franc. d'Athènes et de Rome, 1876. p. 249. (mit Originalphotographhien).

VI. Jahrh. angehörig, dann in zahlreichen Miniat. und Elfenb.[1]) späterer Jahrh.

Im VI. Jahrh. existierten also die Geburt Chr., Hirtenverkündigung und Magieranbet. neben einander. Die beiden letzteren hatten bereits die Form angenommen, in der sie auch in späterer Zeit, entweder selbstständig, oder mit der Geburt Chr. vereint, fortexistieren. Nur die Geburtsdarst. selbst hat noch keine endgültige Form gewonnen, sondern sieht noch einer stetigen Fortbildung, teils in sich, teils durch Verbindung mit Magier und Hirtenanbet. entgegen.

4. Aus dem VII. Jahrh. ist leider keine Geburtsdarst. mir bekannt geworden. Dem VIII. bis X. Jahrh. gehören dann die drei Miniat., Kat. Nr. 22—24, an. Unter ihnen tritt uns in dem, durch Vollständigkeit und gute Durchführung ausgezeichneten Manuskr. von San Marco (Kat. Nr. 23) der Geburtstyp. dieser Periode am vollkommensten und reinsten entgegen. Den Kern der Darstellung bilden die bereits aus dem VI. Jahrh. bekannten Figuren. Die Mutter mit dem Kinde gibt den Mittelpunkt. Wie früher ist Maria auf ein Polster hingestreckt, und erhebt, sich auf den Unterarm stützend, den Oberkörper. Das gewickelte Kind liegt in der Krippe, welche die Form eines hohen, rechteckigen Steinbaues angenommen[2]). Joseph in langer Tunica und Mantel hat zur Rechten seinen Platz, in jener sitzenden, fast kauernden Stellung, mit dem sorgenvoll aufgestützten Haupt, wie ihn sämtliche späteren griechischen Monumente geben, bald im Profil, bald en face, wobei er nur selten der Krippe seine Aufmerksamkeit zuwendet.

Um jenen Kern des VI. Jahrh. werden aber neue Elemente gruppiert. So wird die Handlung vor einen Hügel verlegt, in dessen weiter Höhle die Krippe mit den Tieren Platz gefunden. Sodann wird die Verkündigung an die Hirten beigefügt, wie sie uns als selbstständiger Typ. bereits bekannt ist. Der verkündende Engel bleibt. Die Dreizahl der Hirten aber, die sich in Monza durch die Zusammenstellung mit den Magiern erklärte, wird später nur selten festgehalten. In der Regel sind es nur zwei Hirten, denen ein, oft durch das Scepter ausgezeichneter Engel den Stern weist, oder die

[margin: Geburtsbilder im VIII. bis X. Jahrh.]

[margin: Manuskr. von San Marco.]

---

[1]) Vgl. Abb. bei du Sommerard, les arts au moyen-âge. Ser. VIII, Tav. 12. Im Menolog. graec. des Vat., bei Agincourt, Pitt. 31, 17 etc.

[2]) Auf flüchtigen Zeichn. erscheint sie nicht selten zu einem länglichen Kasten entstellt.

Kunde bringt. Diese Hirten sind meist mit der einfachen, kurzen Tunica, selten mit der Exomis [1]) bekleidet, öfters kehrt auch die Gestalt eines langbärtigen, greisen Hirten wieder, in zottigem Felle, auf den Stab gestützt [2]). Besonders legt häufig der höher stehende Hirte seinen Arm um den Nacken des zweiten [3]). Alle diese Motive kehren auch auf Elfenb. und Erzarbeiten, sowie auf gewissen abendländischen Miniat. [4]) wieder. Wie sehr diese Hirtendarst. in den bukolischen Scenen der antiken Kunst wurzeln, ist sichtlich. Selbst Einzelheiten, wie das umgelegte Fell, finden sich auf antiken Reliefs [5]) vorgebildet.

Nunmehr werden auch der Stern der Hirtenverkündigung und der Stern über der Krippe, den das apokr. Evangel. nennt, vereint. Derselbe erhält jetzt in Byzanz, wohl unter dem Einfluss der Malerei, die Form einer Sonne [6]), d. h. einer meist nur zur Hälfte sichtbaren Scheibe mit starken Strahlen. In der Scheibe oder auf den Strahlen schwebt zuweilen noch der alte sechseckige [7]) Stern [8]). Ganz neu, und wohl erst eine Schöpfung des VIII. Jahrh., sind die beiden, den Stern anbetenden Engel, welche jetzt regelmässig und meist zu beiden Seiten desselben, erscheinen.

Eine weitere Neuerung ist die Einführung der Ammen, die das Kind baden. Während die eine den Knaben in einer antik [9]) geformten Wasserschale wäscht, giesst die andere aus einer Kanne Wasser zu. Es dürfte diese Scene in letzter Linie auf antike Denkmale zurückzuführen sein. Bereits bei der Waschung des Neugeborenen in der Vita communis der Sark. ist uns das Motiv begegnet. Sodann kehrt es auf den antiken Heroengeburten wieder [10]). Hier pflegt

[1]) Z. B. Kat. Nr. 27.
[2]) Kat. Nr. 25, 26.
[3]) Kat. Nr. 23, 30, 31, 36.
[4]) Vgl. Kap. IV. ff.
[5]) Vgl. Overbeck, Gall. her. Bildw. Tav. 33. Nr. 5, 12.
[6]) Während er zuvor als sechseckiger (Monzeser Amp., Ravennat. Elfenbeinstuhl in Kap. III) oder radförmig (Monz. Amp.) erschienen war.
[7]) Resp. achteckig.
[8]) Kat. Nr. 23, 24, 25, 29, 30. etc.
[9]) Vgl. bes. die Schalen auf palästrischen Scenen und auf den Kap. I. p. 81. Anm. 2. aufgezählten Sark. Ueber ant. Badewannen auch Raoul-Rochette, Mon. ined. p. 408. Anm. 9.
[10]) Vgl. bes. ein Wandgem. der Titusthermen, abgeb. bei Panofka, Bilder ant. Lebens, Tav. 18, 1., Achills Geburt auf der capit. Marmortafel (die Mutter erhebt

die junge Mutter langgestreckt, oder mit aufgestütztem Oberkörper
auf dem Lager zu ruhen, während Ammen dem Kinde das Bad
bereiten[1]). Jenes Lager, eine Kline, wird später, dem veränderten
Gebrauche folgend, zum Polster, die bedienenden Ammen werden
beibehalten[2]). Wir sind nicht einmal genötigt, eine direkte Benutzung griech. Originale seitens der Darsteller der Geburt Chr.
anzunehmen. Für die Geburt des Herren fanden sieh alttestament-
liche Parallelen in der Geschichte der Erzväter. Diese wird man
vor dem VI. Jahrh. in den Manuskripten illustriert haben[3]), zu einer
Zeit also, da die antike Tradition noch wirkte. So ist es wohl
erklärlich, wie trotz des Protestes einzelner Kirchenväter[4]) dennoch
die Auffassung von der Gegenwart solcher Dienerinnen bei der Geburt sich hielt, und später in den Apokr. Unterstützung fand, obgleich
diese nicht vom Bade, sondern allgemein von der Gegenwart der
Hebammen[5]) sprechen.

Resumieren wir kurz, so fanden wir dem Ms. von San Marco
(Kat. Nr. 23) zufolge im VIII. Jahrh. ausser der schon bekannten
Krippe mit den Tieren und dem Stern, der liegenden Maria und
dem sitzenden Joseph neu beigefügt die anbetenden Engel, Hirtenverkündigung und die Badescene nebst der Höhle. Das wird uns,
einige Versehen abgerechnet[6]), vollständig bestätigt durch das vene-
tianische Manuskr. (Kat. Nr. 23) vom Jahre 770, ebenso durch die Armen-Ms.

---

sich von der Kline), Mus. Cap. IV, tav. 17. Die liegende Mutter mit Ammen auf
dem Sark. des Mus. Pio-Clem. IV. Tav. 37. Ferner Semele vor der Geburt auf
der Kline, Müller-Wieseler, Denkm. Tav. 34. Nr. 392. Mon. dell' Inst. Vol. II.
tav. 45 a. Bad eines Neugeborenen vgl. Mus. Capit. Tav. 60.

[1]) Zuweilen zwei Ammen, von denen, wie in Byzanz, die eine das Kind badet,
die andere Wasser zugiesst (vgl. das oben cit. Fresko der Titusthermen), oder das
Tuch zum Trocknen bereit hält (R.-Rochette, Mon. in. Pl. 77, 2).

[2]) Nur selten werden sie ganz fortgelassen, dann tritt aber wenigstens symbol.
für sie eine Kanne und eine Schale ein; vgl. das Elfenb. Kat. Nr. 38, wo beide
fehlen. Der Krug als Ersatz der Wasserspenderin auf den Miniat. Kat. Nr. 22, 25.
(Existierten hierüber Vorschriften, etwa in einem Malerbuch?).

[3]) Die Geburt Benjamins in dem Wiener Genesisms. (bei Garrucci Bd. III,
Tav. 118, 2) zeigt freilich mehr Naturalismus als Anlehnung an die Antike, doch
mag letztere in anderen Fällen überwogen haben.

[4]) Hieronymus, vgl. Einl. p. 48. Anm. 7.

[5]) Dieselben werden Salome und Zelomi genannt. Westwood, Fict. iv. p. 345.
Nr. 6, nennt sie Salome und Anastasia, im Cod. Kat. Nr. 24, ist ein abweichender,
aber unleserlicher Name beigesetzt.

[6]) Es fehlt der Stern, ein Hirt, Ochs und Esel.

Berliner Miniat. des X. Jahrh. (Kat. Nr. 24), die nur beim
Einzeichnen in den Rundbogen oben einen Engel, seitwärts die
Hirtenverkündigung einbüsste. Am geschmackvollsten ist das gleiche
Vorbild im X. Jahrh. (Ende desselben) im griech. Menologium [1])
des Vatican (Kat. Nr. 25) behandelt. Die im Dienste des kaiser-
lichen Hofes arbeitenden Künstler des Codex zeigen, der in jener
Zeit wieder erwachenden Neigung [2]) entsprechend, ein glückliches
Streben nach antikisierender Behandlung, wie es bes. in der badenden
Amme im Vordergrunde deutlich wird. Auffallend ist auch das
Suchen nach Lebendigkeit der Bewegung, nach einer, der Körper-
form entsprechenden Gewandbehandlung. Eine dem auflebenden
Gefühl für Wahrheit und Schönheit der Erscheinung entsprechende
künstlerische Licenz ist es, wenn Maria nicht auf dem unnatürlich
geschwungenen Polster liegt, sondern frei auf dem Felsen sitzend
andächtig zum Kinde schaut [3]). Solche Abänderungen zeugen für
die Unabhängigkeit dieser Künstlergeneration.

Hier tritt uns der Typ. des VIII. bis X. Jahrh. am glänzendsten
entgegen, keines der späteren Werke vermag sich auf gleicher Höhe
des künstlerischen Könnens zu erhalten.

5. Die weitere Entwicklung zeigt von jetzt an zwar noch
Fortschritte in quantitativer, nicht aber in qualitativer Beziehung.
So scheint das XI. Jahrh. die Zahl der Engel zu vermehren
Das ersehen wir aus einer byzant. Exportarbeit, der Bronzethür von
San Paolo fuori l. m. zu Rom (vom Jahr 1070, vgl. Kat. Nr. 35a),
einem Werke ersten Ranges, und als solches wohl den Typ. in seinem
ganzen damaligen Umfange wiedergebend. Doch besteht die einzige
Neuerung, z. B. gegenüber dem Manuskr. von San Marco, in Bei-
fügung eines dritten anbetenden Engels.

Eine stärkere Vermehrung der Engel zeigen zwei andere Miniat.
des XI. Jahrh., die eine in einem Evangelistar der Hamiltonbibliothek [4]),

---

[1]) Abgeb. bei Agincourt (vgl. Katal.). Vor Agincourts Pausen des Menol.
warnt Bayet, l'art byz. p. 166; nach Unger (bei Ersch und Gruber, Encykl. Bd. 84,
p. 444) erreichen sie nicht entfernt die klassische Schönheit der Originale. Ueber
Agincourt vgl. auch Piper, Monum. Theologie § 183. Kondakoff, l'art byz., Cap.
II. p. 47.

[2]) Beim Bade liegt das Kind, wie natürlich, in der Schale, in der es sonst steht.

[3]) Vgl. Bayet, l'art byz. p. 115 sqq.

[4]) Z. T. übermalt, cf. Kat. Nr. 27.

Kat. Nr. 27. und die andere im Psalter [1]) des Dr. Comarmont (Kat. Nr. 28) [2]). Diese im XI. Jahrh. erfolgte Verstärkung des Engelchors wird im allgemeinen auch später festgehalten.

Eine letzte grosse Neuerung ergibt sich aus der Einführung XII. Jahrh. der anbetenden Magier, die sich mit der anwachsenden Engelschar und den staunenden Hirten vereinen zu einem Jubelchor, der die wunderbare Geburt des armen Jesusknaben in der Steinkrippe als glänzende Festversammlung umgibt, so dass nun Himmel und Erde, Menschen und Tiere, Christen und Heiden den verherrlichen, den die Mutter auf dem dürftigen Lager vor der dunkeln Höhle geboren.

Unter den datierbaren Miniat. bemerken wir diese Zusammenfassung zunächst in dem vatican. Evangelienmanuskr. aus dem Anfang des XII. Jahrh. (Kat. Nr. 30), das sich noch einmal durch sorgfältige Beobachtung antiker Vorbilder auszeichnet, ohne das griechische Menol. zu erreichen. Noch aus dem XI. Jahrh. [3]), dann aber wohl aus den letzten Jahrzehnten desselben, soll das griechische Manuskr. der Pariser Bibl. Nr. 74. (Kat. Nr. 29) stammen, auf welchem die Magier beritten erscheinen, als Gegenstück zur Hirtenverkündigung [4]). In dem Berliner Evangeliar des XII. Jahrh. (Kat. Nr. 31) finden wir wieder die Magier bei der Geburt, ebenso in einem gleichzeitigen Evangelistar in einem der Athosklöster, das Bayet [5]) beschreibt.

Diesen vier datierbaren Miniat. gegenüber scheint die Annahme gerechtfertigt [6]), dass die Aufnahme der bis dahin isoliert dargestellten Magieranbet. in die Geburt Chr. erst dem Anfange des XII. Jahrh. angehört. Aeltere Beispiele finden sich nicht, dagegen wird für die Folgezeit diese Neuerung Regel (vgl. die russischen Geburtsb.).

Evangel. vatican.

Pariser Ms. graec.

Berliner Evangeliar.

[1]) Ueber Psalter vgl. unten p. 98. Anm. 1.
[2]) Beide sind übrigens im üblichen Schema gehalten. Eine Verkürzung desselben gibt das vatican. Ms. Nr. 1156 (Kat. Nr. 26), das aber drei Hirten statt der üblichen Zweizahl aufweist.
[3]) Nach Roh. de Fleury, im Text zu Abb. Bd. I, Tav. 15. Ueber den Wert von Roh. de Fleurys Text cf. Kraus, Encykl. II. p. 365.
[4]) Die anbetenden Engel hat der Miniator vergessen, vgl. Unger (Ersch und Gruber, Encykl. Bd. 85. p. 18).
[5]) Bayet, l'art byz. p. 176.
[6]) Gleichzeitig erfährt auch der Typ. der Taufe Chr. eine Erweiterung durch Vermehrung der dienenden Engel, vgl. Strzygowski, Ikonogr. der Taufe Chr. Münch. 1885. p. 28.

Aus dem XIII. Jahrh. endlich ist eine Psalterillustration[1]) eines Codex der Hamiltonsamml. zu erwähnen (Kat. Nr. 32). Da für dieselbe nur ein ganz beschränkter Raum unter dem Texte zu Gebote stand, zeigt sie nichts als das Elternpaar an der Krippe[2]).

6. Ueber das XIII. Jahrh. hinaus vermögen wir die Entwicklung an den rein byzant. Monumenten nicht mehr zu verfolgen. Jedoch wird die russische und neugriechische Kunst noch zu Nachträgen Gelegenheit geben. Zuvor müssen aber auf Grund der aus datierbaren Werken gewonnenen Typenentwicklung einige bisher undatierbare eingereiht werden. Der Wert der auf diesem Wege gewonnenen Datierung ist selbstverständlich nur ein relativer, bes. da ich den mangelhaften Abb. gegenüber dieselbe nicht überall durch Stilkritik ergänzen kann. Erschwerend tritt hinzu, dass der Typ., wie schon bemerkt, nicht immer vollständig wiedergegeben wird.

Für das XI. Jahrh. war die Vermehrung der anbetenden Engel charakteristisch. Danach würde die vatican. Elfenbeintafel (Kat. Nr. 36) wegen der drei anbetenden Engel in diese Zeit fallen, was mit Westwoods, auf Stilkritik basierter Annahme übereinstimmt[3]). Aber auch auf Werken des XI. Jahrh. erscheinen gelegentlich nur ein oder zwei anbetende Engel, der dritte wird aus Nachlässigkeit oder anderen Gründen ausgelassen. Nur einen anbetenden Engel zeigt das bei Gori[4]) publizierte Fragment eines Evangeliardeckels (Kat. Nr. 39a), ohne dass bei der Willkür dieser Abb. ein weiteres Urteil über das Alter dieser Tafel möglich wird. Zwei solcher Engel finden sich auf den Elfenb. im Zitter zu Quedlinburg (Kat. Nr. 39), in S. Ambrogio zu Mailand (Kat. Nr. 38) und auf dem Email der Pala d'oro zu Venedig (Kat. Nr. 35b). Nach obiger Bestimmung würden die drei Monum. in das X. Jahrh. gehören. Sie enthalten aber sämtlich neben der Geburt die Taufe Chr., und werden von

---

[1]) Vgl. dazu die Psalterillustration Nr. 28. Diese beiden Beispiele, deren eines noch dazu verkürzt ist, gaben leider keine Gelegenheit zur Beobachtung eines eigenen Psaltertyp. der Geburt Chr. Vgl. Springer, Psalterillustrationen etc., Abhandl. d. sächs. Gesellsch., phil. hist. Kl. Bd. VIII (1883), ferner Springer im Vorwort zu Kondakoff, Hist. de l'art byz. p. 10, Kondakoff a. a. O. p. 166 sqq.

[2]) Das Geburtsbild dient hier als Illustration zu Ps. 11., was nach Kondakoff, a. a. O. p. 178, die Regel ist (Eine Ausnahme im Uglitsch-Psalter).

[3]) Westwood, Fict. iv. p. 345, Nr. 6. Vgl. dagegen Kraus, Encykl. Bd. I. p. 404, der das IX—X. Jahrh. angibt.

[4]) Gori, Thes. vet. dipl. Bd. III. Tav. XI.

Strzygowski auf Grund bestimmter typologischer Merkmale in das XI. Jahrh. gesetzt, so dass ich eine Erklärung dieser Differenz versuchen muss.

Das Quedlinburger Elfenb. befindet sich auf dem Deckel eines Quedlinburg. Elfenbein. Evangeliars, das, wie nach Kuglers [1]) und Ungers [2]) Angaben nicht wohl zu bezweifeln ist, um das Jahr 1000 abgefasst wurde. Wenn Kugler dagegen die Entstehung des Deckels in das XII. Jahrh. [3]) hinabrücken will, so widerspricht dem der typologische Befund ganz entschieden [4]). Die höchste Wahrscheinlichkeit scheint mir dafür zu sprechen, dass Otto III., um die Wende des Jahrtausends in Quedlinburg weilend, dem Kirchenschatze die Elfenbeintafel zuwandte, welche dann zum Schmucke des soeben vollendeten Evangeliars benutzt ist. Strzygowski nimmt aus dem auf dem Taufbilde dieses Elfenbeindeckels angebrachten Kreuze die Entstehung im XI. Jahrh. an, was aber natürlich nicht so zu verstehen ist, als ob eine derartige Neuerung nicht bereits in den letzten Jahren des X. Jahrh. hätte aufkommen können. Die Vermischung typologischer Merkmale des X. (vgl. die Geburt) und des XI. Jahrh. (vgl. die Taufe) auf dem Elfenb. würden also einer Entstehung um das Jahr 1000 höhere Wahrscheinlichkeit geben [5]). Manuskript und Einband könnten somit etwa gleichzeitig entstanden und durch Otto III. nach Quedlinburg geschenkt sein.

Fraglich scheint mir, ob das Gleiche auch für das Email der Pala d'oro mit der Geburt Chr. gilt. Das kleine Format des Pala d'oro. Originalbildes, wie die Ungenauigkeit der Reproduktionen lässt die Möglichkeit offen, dass auf dem Originale sich drei Engel befinden, wodurch die Uebereinstimmung mit der von Strzygowski für die Taufe Chr. nachgewiesenen Entstehung im XI. Jahrh. [6]) hergestellt

[1]) Kugler, Kl. Schriften, I. p. 626 gibt auf Grund einer p. 625 abgedruckten latein. Notiz das Jahr 1000 als Vollendungsjahr des Codex an.

[2]) Unger (in Ersch und Gruber, Encykl. Bd. 84. p. 526) berechnet das Jahr 999.

[3]) Ebenso Lotz, Kunsttopogr. Deutschl., Cassel 1862. I, 508.

[4]) Ueber den Typus der Taufe Chr. im XII. Jahrh., vgl. Strzygowski, a. O. p. 24, 70. Das Quedlinburger Elfenb. ist sogar das einzige, mir bekannte, das, wie Abb. zeigt und Kugler bestätigt, eine sitzende Madonna statt der liegenden aufweist. Diese Eigentümlichkeit findet sich sonst nur noch in dem, um das Jahr 1000 angefertigten Menol. graec.

[5]) Westwood, Fict. iv. p. 467. nimmt das XI.—XII. Jahrh. an.

[6]) Strzygowski, a. a. O. p. 20.

wäre. Andernfalls müsste man vielleicht, wie bei obigem Elfenb., an eine Anfertigung bereits um die Wende des Jahrtausends[1]) oder an eine zufällige Fortlassung des dritten Engels auf dem sehr kleinen Emailbilde denken.

Noch unsicherer ist das Urteil über das Elfenb. im Schatze von S. Ambrogio. Strzygowski stimmt wegen des Flussgottes und der zwei ministrierenden Engel auf der Taufe [2]) mit Entschiedenheit für das XI. Jahrh., Westwood für das IX. oder X. Jahrh. Obwohl der Typ. der Geburt Chr. mit letzterer Annahme übereinstimmt, so ist es doch sehr denkbar, dass der oberflächlich und abkürzend arbeitende Künstler hier einen Engel wegfallen liess[3]), so dass Strzygowskis Bestimmung die richtige wäre [4]).

Jedenfalls ersehen wir, dass die Anbringung des dritten Engels im XI. Jahrh. zwar beliebt, aber keineswegs unumstössliche Vorschrift war[5]).

Jünger als die genannten ist wohl eine Elfenbeintafel zu Ravenna (Kat. Nr. 37), die von Roh. de Fleury ohne Angabe der Gründe [6]) in das VIII. Jahrh. versetzt, von Westwood undatiert gelassen wird. Wenn die von uns gegebene Entwicklung korrekt ist, gehört das Elfenb. frühestens dem ausgehenden XI. Jahrh. an, wegen der Einführung der Magieranbet., der grösseren Zahl anbetender Engel, wegen des reichen, vielgegliederten Aufbaues. Auffallend ist es, dass hier die Magier durch einen Engel eingeführt werden [7]).

Auch die (Kat. Nr. 33) Mosaiktafel zu Florenz[8]) fällt wegen der

[1]) Die 27 kleineren Emails mit Scenen aus dem Leben Christi gehören nicht, wie Strz. (p. 20) angibt, „zweifellos" dem Jahre 1105 an. Nur ihre Einfügung in die Pala d'oro wird mit grösster Wahrscheinlichkeit in dieses Jahr zu setzen sein. Wann und zu welchem Zwecke sie ursprünglich angefertigt wurden, bleibt zweifelhaft. Vgl. Eitelberger, Repert. für K. W. 1887. p. 239.

[2]) Strzygowski, a. O. p. 22.

[3]) Wie er auf der Geburt auch statt der Ammen nur Krug und Wanne gibt.

[4]) Eine Vermittlung durch Datierung um das Jahr 1000 wäre auch hier möglich.

[5]) Vgl. auch Kat. Nr. 29, 31, 32, die Abb.

[6]) Ueber Roh. de Fleury vgl. p. 100. Anm. 1.

[7]) Es ist das die auf den Einzeldarstellungen übliche Form, wo fast durchgehends die Magier von einem Engel zur Madonna geleitet werden (vgl. p. 92). Vielleicht wurde die Scene anfangs in dieser Form übernommen, bis dann der führende Engel mit den anbetenden Engeln verschmolz, was für unser Elfenb. eine Datierung in den Ausgang des XI. Jahrh. bedeutete.

[8]) Piper, Myth. und Symb. der christlichen Kunst I. 2. p. 537. nimmt das X. Jahrh. an, Unger (a. a. O. Bd. 84. p. 526) hält nach dem Charakter der In-

Gegenwart der 3 Magier nach 1100, wie sie auch Strzygowski[1])
wegen der drei dienenden Taufengel dem XII. Jahrh. zuspricht.
Nach 1100 fallen endlich auch die Elfenbeintafel bei Gori (Kat.
Nr. 39b)[2]), der von Garrucci publ. (Kat. Nr. 41) Blutjaspis und ein
von Bayet ohne Zeitangabe abgeb. Gemälde eines Kaukasusklosters
(Kat. Nr. 34)[3]).

7. Am Schlusse dieser Untersuchung wäre noch die Stellung
zu prüfen, welche der die Geburt betreffende Abschnitt des sogen.
„Malerbuches vom Berge Athos[4])" in der Entwicklungsreihe einnimmt. Die Uebersetzung Didrons im Manuel d'iconographie[5]) ergibt folgende Beschreibung: In einer Höhle knien Maria und Joseph
vor dem Kinde in der Krippe, dahinter Ochs und Esel und die
Hirten. Vor der Höhle kündet ein Engel den Hirten[6]), während
auf der anderen Seite die Magier zu Pferde herankommen, und über
der Höhle unter einem glänzenden Sterne Engel schweben mit einem
Spruchbande. Wenn wir statt der Höhle eine Hütte setzen, so passt
die ganze Beschreibung vollkommen auf Gemälde der italienischen
Quattrocentisten[7]). Zwar finden wir auch fast alle Bestandteile des
letzten byzant. Typus wieder, aber der Fortfall der Ammenscene,
die knieende Stellung des Elternpaares[8]), die anbetenden Hirten

schriften die Entstehung vielleicht erst in der Zeit des latein. Kaisertums für
wahrscheinlich.

[1]) Ebenso Westwood, Fict. iv. p. 315.
[2]) Gori, Thes. vet. dipt. III, 37.
[3]) Die bei Kraus, Encykl. II. p. 485. sub Nr. 322. abgeb. Paste gehört wohl
der abendländ. Kunst au (ein ähnliches Stück ist unter den Neuerwerbungen des
Berl. Museums als „byzantinisch" ausgestellt).
[4]) Cf. Ἑρμηνεία τῆς Ζωγραφικῆς, Handb. der Malerei vom Berge Athos,
deutsch von G. Schäfer, Trier 1855.
[5]) Manuel d'iconographie chrét. par Didron, Paris 1845. p. 157. Nativité.
[6]) Bei Didron, un ange les bénit. Die Gebärde des Verkündens ist falsch
aufgefasst als Gebärde des Segnens.
[7]) Vgl. die Geburt Chr. von Perugino im Cambio zu Perugia.
[8]) Baldoria, a. a. O. p. 187. nimmt auf Grund der Vorschrift des Malerbuches die knieende Madonna als eine Erfindung der Byzantiner in Anspruch, von
denen die Italiener das Motiv übernommen hätten. Er erklärt darum den betreffenden
Abschnitt des Malerbuches für einen der älteren, angeblich bis in das IX. Jahrh.
hinauf reichenden (Dass die Typen des X., XI., XII. Jahrh. in Byzanz ganz anders
geformt sind, glaube ich oben dargelegt zu haben). Ein Beweis hierfür wird nicht
geliefert, auch ist ihm keine byzant. Geburt Chr. dieser Form bekannt. Die Ueber-
tragung dieses neuen Typ. nach Italien setzt Baldoria in die Zeit der Zerstörung
Constantinopels durch die Türken (cf. p. 190). Aber schon seit Giotto treffen wir

neben der Krippe, während zugleich draussen die Verkündigung an die Hirten erfolgt, das Spruchband in der Hand der Engel u. a. m. verweisen doch unbedingt auf Kenntnis italienischer Renaissancevorbilder. Dieser Abschnitt des Malerbuches dürfte somit wohl den zahlreichen Zusätzen des XV. oder XVI. Jahrh. [1]) beizuzählen sein. Wie eine wortgetreue Illustration dieser Vorschrift erscheint das Gemälde eines modernen neugriechischen [2]) Malers vom Berge Athos, das Bayet [3]) abbildet, und das dieselbe Abhängigkeit von der ital. Renaissance, wie die Abkehr von byzant. Vorbildern zeigt.

Russische Kunst. 8. Vermögen wir also keinen Zusammenhang mit der byzant. Entwicklungsreihe in der jüngeren neugriech. Kunst zu erkennen, so erlebt die byzant. Tradition dafür eine letzte Blüte in Russland. Eine Entwicklungsgeschichte dieser russischen Nachblüte ist mit dem mir hier zugänglichen Material [4]) unmöglich. Doch scheint es bemerkenswert, dass die fälschlich sogen. Korssun'schen [5]) Thüren der Kathedralkirche zur heil. Sophia in Nowgorod einer deutschen Werkstatt [6]) entstammen. Die älteste russische Darstellung der Geburt Chr. unter byzant. Einflusse dürfte sich an der Erzthür der Kathedrale zu Susdal finden"), die in Technik, wie Komposition genau den byzant. Mustern des XI. Jahrh., bes. der Hauptthür von

die knieende Madonna in Florenz (vgl. Dobbert, im Jahrb. der preuss. K. S. a. O. p. 159), was Baldoria entgangen ist (p. 187. nè da Giotto stesso fu mai trattata in tal modo).

[1]) Vgl. Didron, Introd. p. XXIII.

[2] Nachrichten über ein neugriech. Malerbuch des Enthymios Dimitri gibt Schorn im Kunstblatt, 1832. p. 1. sqq. Die Geburt Christi wird nur flüchtig erwähnt. Von der Darst. derselben in der griech. Kunst des XV.—XVII. Jahrh., für die ich keine Belege gefunden habe, geben uns vielleicht die p. 103. aufgeführten russischen Schnitzereien eine Vorstellung, die vermutlich auf Vorbilder aus den Athosklöstern zurückgehen (Kat. Nr. 40 a, 40 b, 49, 50).

[3]) Bayet, l'art byz. p. 269.

[4]) Abbildungen in den Antiquités de l'emp. russe, Moscau 1865. Vgl. auch Viollet-le-Duc, l'art russe, 1877. Paris, und für die Gesch. der russ. Malerei die auch wohl der Darst. bei Schnaase, Bd. III. zu Grunde liegende Schrift von Sabatier, Notions sur l'iconogr. sacrée en Russie. St. Petersburg 1849. Notizen über sämtl. russ. Erzthüren bei Adelung, korssun'sche Thüren in Nowgorod p. 159.

[5]) „Korssunisch" ist Term. techn. für den ältesten russisch-byzant. Stil, vgl. Sabatier, p. 31. Adelung p. 159.

[6]) Adelung, p. 97. Antiquités de l'emp. russe Bd. VI. Nr. 21, 24. Schnaase, a. O. III. p. 352, 356. Das Weitere im Kap. über die deutsche roman. Kunst.

[x]) Antiquit. VI, Nr. 30. Abgekürzte Wiedergabe desselben Typ. auf einem Metallbrustschild, Abb. Antiquit. Bd. 1. Nr. 107.

San Paolo fuori l. m. zu Rom, entspricht [1]). Sie dürfte etwa in dieser Zeit und in einer byzant. Werkstatt entstanden sein. Eine zweite Thüre von gleicher Technik liess der Erzbischof Basilius von Nowgorod laut Inschrift im Jahre 1336 für Nowgorod anfertigen [2]). Hier macht sich die inzwischen in Byzanz erfolgte Fortentwicklung des Typ. der Geburt durch Beifügung der Magieranb. geltend. Wie fest diese letztentwickelte Form in der russischen Kunst Fuss fasste [3]), beweist uns die fast unveränderte [4]) Wiedergabe derselben auf einer Armeefahne [5]) vom Jahre 1654.

Eine eigene Form findet sich auf zwei hölzernen Kirchenkreuzen des kaiserlichen Schatzes wieder, die etwa dem XV. Jahrh. angehören [6]). Wie das Exemplar der kaiserlichen Bibliothek (Kat. Nr. 49) erkennen lässt, schliessen auch sie sich eng an den letzten byzant. Typ. an, dessen Engel, Magier und Hirten sie wiedergeben, ebenso die Badescene, den bekümmerten Joseph und den gewaltigen Sonnenstern. Die Höhle ist in einen fest begrenzten, überwölbten Raum verwandelt, vor dem sich einige, mit ornamentaler Regelmässigkeit gelagerte Hügel zeigen. In der Höhle kniet Maria vor der Krippe, an der Ochs und Esel Wacht halten. Dasselbe Bild wiederholt sich mit geringen Abweichungen auf dem zweiten Kreuz (Kat. Nr. 50).

Der Typ. kehrt auch auf einer, von Westwood [7]) als russischgriech. Arbeit des XVII. Jahrh. bezeichneten Panagia [8]) wieder, welche Strzygowski [9]) als neugriech. Werk aus dem Athoskloster anführt.

---

[1]) Dass die Hirtenaubet. fehlt, ist vielleicht nur Schuld des Zeichners.

[2]) Abb. Antiquit. VI, 33. Schnaase, a. C. III. p. 365.

[3]) Dieselbe findet sich auch auf dem Gemälde des Kaukasusklosters Charnoxineti, Kat. Nr. 34.

[4]) Kat. Nr. 45. Selbst die Behandlung der Köpfe und die Faltengebung sind hier noch byzantinisch.

[5]) Neu sind der sternutragende Engel, ein unbenannter Heiliger neben Joseph und die z. T. national-russischen Kostüme der Nebenpersonen.

[6]) Viollet-le-Duc (l'art russe) setzt beide in das XV. Jahrh., und führt die barocken Ornamentformen derselben auf indischen Einfluss zurück. Dagegen dürfte nichts einzuwenden sein. Doch über die Zuverlässigkeit von Viollets Chronologie vgl. Darcel in der Gaz. des b.-a., März 1878. p. 271—285.

[7]) Westwood, Fict. iv. p. 99.

[8]) Abb. cf. Kat. Nr. 18. Neben Joseph ein Heiliger, wie auf der erwähnten Armeefahne.

[9]) Strzygowski, a. a. O. p. 31.

Eine ganz ähnliche Panagia in München[1]) scheint älter zu sein, denn das Geburtsbild steht hier noch dem Typ. des XII. Jahrh. nahe, da die Madonna liegend, nicht knieend dargestellt ist, auch der Heilige vor Joseph fehlt, dagegen links die Magier (oder Hirten?) anbeten, während die Engel rechts kaum angedeutet sind. Der Felsgrund ist mit gleicher Ausführlichkeit wie auf den drei letzterwähnten Schnitzereien behandelt.

Die Formen deutscher und italienischer Spätrenaissance [2]) lassen endlich zwei Darstellungen der Geburt aus den Jahren 1638 und 1666 erkennen [3]).

Das heutige Russland zeigt das Bestreben, seine byzantinisierende Kunst unter der nationalen Flagge wieder zur Geltung zu bringen [4]), doch sind mir Darstellungen der Geburt nicht zu Händen gekommen.

Schluss. 9. Eine endgültige Zusammenfassung der entwicklungsgeschichtlichen Resultate vorstehenden Kapitels kann erst am Schlusse des Kap. III. erfolgen unter Verwertung der Beiträge, welche Ravenna und Rom liefern werden. Hier möchte ich auf zwei Eigentümlichkeiten der byzant. Geburtsbilder verweisen.

Zunächst auf die ungemeine Ruhe und Stetigkeit der Typentwicklung und Einzelbildungen. Nicht als ob der Künstler völlig gefesselt gewesen wäre. Er besass Freiheit genug, im einzelnen wegzulassen und wieder zuzusetzen, zu verändern und zu combinieren. Die Madonna liegt zwar jedesmal auf der Matratze, aber bald ist sie aufgerichtet, bald hingestreckt, greift mit der Hand zum Schleier, oder streckt die Arme nach dem Kinde aus. Joseph sitzt stets auf dem Felsen oder Stuhle zur Seite, aber bald in Gedanken versunken, bald zum Kinde sich wendend, en face, en profil, innerhalb des Schemas kaum zweimal völlig gleich gebildet. Dennoch liegt sowohl der Gesamtanordnung wie der Einzelgestalt ein solches, stets beobachtetes Schema zu Grunde, das durch Jahrhunderte hin nur langsam fortwächst. Wenn dasselbe lange genug dem ungeübten

---

[1]) Kat. Nr. 47. Das Geburtsbild weicht hier von dem der vatican. Panagia ab, während im übrigen dieselben Scenen dargestellt sind, von denen vier (nach Strzygowski nur 2 (!) und sonst volle (?!) Uebereinstimmung) anders geordnet sind.

[2]) Der Stil dieser Arbeiten russisch „friajsky" genannt, vgl. Sabatier u. a. O. p. 36.

[3]) Abb. Antiq. Bd. II. Nr. 40, 46.

[4]) Vgl. das Referat von Kraus im Repert. 1888. p. 421 über Gagarine, sujets tirés des Évangiles etc. Paris 1887.

Auge als völlig leblose Schablone erschien, so möchte ich jetzt darin vielmehr einen Rest klassischen Stilgefühles erkennen, das in der ruhigen Haltung und der schlichten massvollen Entwicklung nachwirkt, so dass auch dieser letzte Trieb hellenischer Kunst etwas von jener alten harmonischen Gestaltungskraft der Antike ahnen lässt. Selbst diesen späten Generationen war wenigstens das Stilgefühl nicht verloren gegangen.

Das wird besonders deutlich durch den Vergleich mit den unruhigen, krausen und stets dem Naturalismus zuneigenden Gebilden der lateinischen Kunst, denen gegenüber die byzant. Werke bei flüchtiger Beobachtung jenen viel getadelten Anschein der Leblosigkeit gewinnen mussten. Allerdings hat die Vorherrschaft des Stiles, einseitig ausgebildet, endlich zu einem schablonenhaften Betriebe und damit zur Auflösung der byzant. Kunst geführt, während aus dem lateinischen rohen Naturalismus eine neue Welt erstand. Aber völliges Stagnieren tritt doch nicht vor dem XIII. Jahrh., vielleicht erst weit später ein, während bis dahin eine, wenn auch schliesslich mehr äusserliche Fortbildung zu erkennen war.

Charakteristisch für das Aeusserliche der Fortbildung seit dem IX. Jahrh. schon wird die lockere Verbindung, in der alle Teile der Komposition stehen. Immer neue Motive werden aneinander gereiht, aber keines mit den übrigen innerlich verbunden. Jeder Teil kann beliebig fortgelassen und zugesetzt werden, ohne den Wert der Komposition oder gar den geistigen Zusammenhang zu stören. Der letztere ist es, welcher überall fehlt, und schliesslich die Figuren zu hieroglyphischen Zeichen herabsinken lässt, die, wie jene figürlichen Buchstaben, nur noch eine konventionelle Bedeutung besitzen, durch sich selbst aber nicht mehr zum Beschauer sprechen. Das und die daraus entspringende Art des Bilderschaffens, jenes Addieren und Subtrahieren von Personen behufs Veränderung der Komposition ist der Nachteil einer Kunstweise, die mehr auf das Allgemeingültige, Typische, als auf das individuelle Leben, mehr auf edlen Stil als auf Kraft des natürlichen Ausdrucks Wert legte.

Kapitel III.

Die Geburt Christi in Westrom seit dem VI. Jahrhundert.

1. Wir wenden uns nunmehr wieder der Geschichte der Geburtsdarstellungen in Westrom zu, die ich nur bis zum Ableben der Sarkophagplastik führte, um dann abbrechend zunächst die Entwicklung in Ostrom zu geben. Diese Unterbrechung war geboten. Jeder weitere Schritt in das Gebiet italienischer Kunst hätte zu Erörterungen über den oström. Einfluss in Italien, zu einer Berührung der sog. byzantin. Frage geführt[1]). Einer Erörterung derselben musste aber ein möglichst bestimmtes Bild von der Gestaltung der Geburt Chr. in den verschiedenen Perioden der oström.-byzant. Kunst vorausgeschickt werden, wie das in Kap. II. versucht wurde. Dann aber ist eine Stellungnahme zur byzant. Frage unvermeidlich.

Byzantin. Frage.

Dass Byzanz Einfluss auf die Kunst des Abendlandes geübt hat, wird niemand gänzlich in Abrede stellen, Art und Stärke desselben bedürfen noch fortgesetzt der Untersuchung.

In demselben Masse, wie das Abendland an eigener Kraft verlor, öffnete es sich dem oriental. Einflusse auf allen Gebieten. Der Vermittlung desselben, die Byzanz erst später monopolisierte, dienten in den ersten christl. Jahrh. ebenso gut oder in noch höherem Masse Alexandria und andere Plätze[2]). Nicht alle Orientalismen der ersten

[1]) Ueber diese Bezeichnung vgl. auch Springer, Einl. zu Kondakoff, l'art byz. p. 1. 2.

[2]) Vgl. Götz, Verkehrswege im Dienste des Welthandels, Stuttg. 1888. Die Wege nach dem Orient. von A. Memminger, in „Nord und Süd", Januar 1887. p. 44, 45. Ueber die erst später erfolgende Centralisierung der oström. Kunst in Byzanz vgl. Kondakoff, l'art byz. p. 39, der als Hauptsitz der ältesten oström. Kunst den Südwesten des Reiches, bes. Aegypten bezeichnet. Auch der Hauptsitz der oström. theolog. Forschung ist Kleinasien und Aegypten.

christl. Zeit in Westrom dürfen daher als „byzantinisch" gelten,
das meiste wird sich als gemeinsamer, dem Orient entstammender
Besitz von Ostrom und Westrom erweisen, und die Behauptung
byzantin. Einflusses auf Grund äusserer Zuthaten orientalischen
Charakters, wie Schnitt und Ausstattung des Gewandes"), Einführung
prächtiger Stuhlpolster und edelsteingeschmückter Throne, Verhüllen
der Hände, griechische Segensform[1]) u. a. wird als schlecht begründet
abzulehnen sein, solange es nicht gelingt, solche Dinge als specifisch
byzant. Eigentümlichkeiten nachzuweisen. Diesem morgenländischen,
aber darum noch nicht byzant. Einfluss wird man vor allem in den
röm. Mosaiken des IV. und V. Jahrh[2]) häufig begegnen, während
die Katakombenkunst davon fast frei bleibt.

Etwa seit dem VI. Jahrh. konzentriert Byzanz die Kräfte des
Orients in sich[3]), und seitdem beginnt es auf den Occident ein-
zuwirken, zunächst auf Ravenna[4]), dann weiter auf alle die Punkte,
an denen die Kraft fehlt, dieser Einflüsse sich zu erwehren. Von
diesem Zeitpunkte an dürfen wir also von „byzantinischem Einflusse"
auf das Abendland sprechen. Nach der Anschauung der älteren
kunstgeschichtlichen Forschung stand die gesamte frühmittelalterliche
Kunst unter diesem Einfluss. Es ist das Verdienst bes. der deutschen
Forschung, auch unter den, angeblich der byzantin. Mumificierung
erliegenden Künstlergenerationen ein energisches, nationales Schaffen
nachgewiesen zu haben. Zu weit aber geht, wer aus diesem
Nachweise folgert, dass die Thatsache eines nationalen Schaffens
die Möglichkeit gleichzeitigen byzantin. Einflusses geradezu aus-
schliesse.

Die Anlehnung an die byzantin. Formenwelt bedingte noch
keineswegs ein gedankenloses Schablonenzeichnen. Die Vorstellung
von dem Schematismus dieser Kunst, ein Glaubensartikel jener älteren

---

a) Beiträge hierfür dürften aus der Verwertung der neuerlich in Fajjûm auf-
gefundenen hellenistischen Porträts zu erwarten sein, vgl. Allgem. Zeitung 1888.
Nr. 135. sqq.
[1]) Vgl. Kraus, Encykl. II. 750. J. P. Richter im christl. Kunstblatt 1876. II.
Springer, Einl. zu Kondakoff, a. a. O. p. 8, der auf den Ursprung aus antikem
Gebrauche verweist.
[2]) Ueber diese Crowe und Cavalcaselle, Gesch. der ital. Mal. Bd. I. p. 10 sqq.,
dazu die noch nicht abgeschlossene Publikation de Rossi's „Musaici cristiani".
[3]) Vgl. Kondakoff, a. a. O. Kap. IV.
[4]) J. P. Richter, Mosaiken von Ravenna.

Schule, ist heute endgültig beseitigt[1]). Bis in das XIII. Jahrh. und darüber hinaus konnte ich in Byzanz eine stetige Entwicklung aufweisen. Schon hierdurch wurde allen Anhängern eine gewisse Freiheit der Bewegung gesichert. Nationales Kunstschaffen und byzantin. Einfluss sind danach durchaus nicht jene unverträglichen Gegensätze, als die man sie bisweilen hinzustellen liebt, und wenn ich im Nachfolgenden mehrfach auf byzantin. Einfluss hinzuweisen genötigt sein werde, so glaube ich das jetzt thun zu können, frei von dem Verdacht, im Sinne jener älteren Schule etwas fast Entehrendes damit aussprechen zu wollen.

Hat man bisher den Umfang des byzantin. Einflusses begrenzt, so gilt es nun, auf Grund vorurteilsfreier Schätzung der byzant. Kunst die Art ihrer Einwirkung innerhalb jener Grenzen gerechter zu beurteilen. Man wird erkennen, dass byzantin. Einfluss keineswegs völlige Abhängigkeit und tödliches Erstarren bedeutet.

Weström. Monument.

2. Um zunächst ein möglichst reines Bild der byzantin. Entwicklung zu gewinnen, habe ich sie, wie erwähnt, unter Ausschluss aller nicht rein byzantin. Monumente, selbst der ravennat., dargestellt. Nunmehr betrachte ich an der Hand der zehn vorliegenden Abb.[2]) die Entwicklung der Geburt Chr. in Westrom vom Ende des V. bis Ende des VIII. Jahrh., um zugleich das jenen byzantin. Schöpfungen Verwandte daraus abzusondern.

Die künstlerischen Leistungen dieser Zeit gipfeln in den Werken der musivischen Kunst. Aber die Geburt Chr. erfreut sich anfangs bei den Mosaikmalern keiner Wertschätzung, und wir können ihre Geschichte nur auf dem Gebiet des Kunsthandwerkes, der Kleinkunst, der Elfenbeinplastik, verfolgen. Hierin hat sich gegen das IV. und V. Jahrh. nichts geändert, wo wir die Darstellung vorzugsweise auf Sark., den Produkten des höheren Kunsthandwerkes, fanden.

---

[1]) Typologisch ergab sich das aus den zahlreichen „Ikonographieen", bes. von Dobbert (Darstellung des Abendmahls, Lpzg. 1872. u. a.), Strzygowsky (a. a. O.), Voss, das jüngste Gericht. Lpzg. 1885., u. a. m.; umfassender behandelt die Frage Kondakoff a. a. O.

[2]) Acht Elfenb., Kat. Nr. 51—59), zwei Mosaiken Kat. Nr. 60, 61.

3. Von den sieben hier in Frage kommenden Elfenb. ist nur eines annähernd datiert [1]. Ich muss die übrigen daher zunächst typologisch und, soweit möglich, stilistisch zu analysieren versuchen, um daraus ihre Datierung, wie ihre entwicklungsgeschichtliche Bedeutung festzustellen. Da die älteren christl. Elfenbeinschnitzereien sich nach Form und Inhalt enger an die Sark.-Plastik anschliessen [2]), als die späteren, so beginne ich mit dem, den Sark. am nächsten stehenden berühmten Mailänder Elfenbeindeckel (Kat. Nr. 51). Was aber von diesem zu sagen ist, muss in gleichem Umfange auch von dem Werdener Kasten (Kat. Nr. 52) gelten. Die Uebereinstimmung beider ist so gross, dass, wenn auch der Werdener Kasten eine etwas geringere [3]) Nachbildung der Mailänder Tafel, resp. schwächere Kopie nach dem gemeinsamen Original ist, sie doch immerhin der gleichen Schule (Mailänder?) und Periode angehören dürften [4]). Beide sind nicht datiert, und so hat Westwood auf Grund stilistischer Erwägungen sie in das VI. Jahrh. gesetzt [5]).

Bestimmend war wohl auch für ihn die erwähnte Anlehnung an die Sark.-Sculpturen, bes. an den letzten, röm. (Gruppe V) Typ. der Geburt, dessen Magier aber nebst dem Sterne aus Raummangel [6]) wieder abgetrennt wurden [7]). Neu ist die Einfügung Josephs an Stelle des Hirten [8]), sonst aber sehen wir hier wie dort den Schuppen,

[1]) Das des Maximin-Stuhles.

[2]) Vgl. Westwood, Fict. iv. Pref. p. XV. vers.

[3]) Die geschlossene Komposition ist hier gelockert; Einzelnes, wie das Gewand der Maria, die Krippe u. a. zeigen geringeres Verständnis.

[4]) Vgl. Westwood, Fict. iv. p. 42. These three plaques . . ., appear to me to have been executed by the artist of the great Milan book cover.

[5]) Vgl. Westwood p. 38, p. 41. Wenn er für den Werdener Kasten eine Entstehung noch im VII. Jahrh. für möglich hält, so widerspricht er seinem Anm. 4. citierten Satze selbst. Offenbar hat er sowohl die innige Verwandtschaft der beiden Stücke im Typus, als die schwächere Arbeit des Werdener Exemplars erkannt, und letzteres ihn für die Annahme späterer Entstehung, ersteres für die der Gleichzeitigkeit beeinflusst. Sie dürften der gleichen Zeit und Schule, nicht aber demselben Künstler angehören.

[6]) Oder befolgte man hierin den oberital. gall. Brauch (vgl. Sark. der Gruppe III), Geburt und Magier zu trennen? Wenigstens erscheinen die letzteren unten in der Form der Sternauffindung.

[7]) Sie sind darunter auf einem Felde der Tafel gegeben, s. Anm. 6.

[8]) Damit sind die anbetenden Hirten verdrängt, um bald der Hirtenverkündigung Platz zu machen.

unter dem die Krippe ¹) mit den Tieren steht, und zur Seite Maria, aber im Profil und in origineller Haltung sitzend. Erweiterungen bemerken wir auch bei anderen Scenen der Tafel. Nicht nur die Bibel, sondern auch die Apokr. ²) sind benutzt, wie das die Verkündigungsscene am Brunnen beweist, und es wird auch der biblische Text, z. B. bei der Taufe Chr. umfassender verwendet ³), als auf den Sark. üblich war. Ein weiterer Fortschritt gegenüber den Sark.- Sculpturen liegt auch in der Verwendung geflügelter Engel ⁴), die wir in Rom zwar schon vor der Mitte des V. Jahrh., aber doch nur in der Malerei ⁵) antreffen.

¹) Die Krippe hat in röm. Weise die Form eines grossen Korbes erhalten, dessen Flechtwerk jedoch fälschlich als Mauerwerk behandelt ist. Der geflochtene Rand ist aus Missverständnis als Strohfüllung dargestellt, und dann auf dem Werdener Kasten vollends entstellt, wie nachstehende Skizze zeigt.

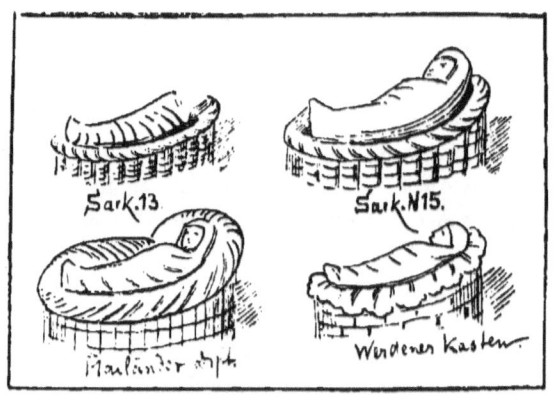

²) Auch die Einführung Josephs als Zimmermann, den die Sark. nirgends zeigen, dürfte auf Apokryphen zurückgehen.
³) Vgl. Strzygowski, Taufe Chr., Taf. II, 3.
⁴) Dieselben als Beweis byzant. Einflusses anzuführen, liegt kein Grund vor, ebensowenig wie nach dem oben Erörterten das perlenbesetzte Kleid der Maria (auf der Verkündigung etc.; ähnliche Kleider auf den p. 107 cit. Fajjûm-Porträts, bes. Nr. 15) als solcher gelten kann. Labarte, Hist. des arts ind. Text Bd. I. p. 43. Atlas, Text zu Pl. VI., und nach ihm andere wollen ohne Grund in der Mailänder Tafel eine byzant. Arbeit sehen. Ein Vergleich mit dem Sark.-Typus der Geburt einerseits, den ältesten oström. Geburtsbildern andrerseits dürfte den Gegenbeweis liefern. Gegen byzantin. Provenienz auch Westwood, Wyatt, a. a. O. p. 7. u. a.
⁵) Ueber Engel vgl. Kraus, Encykl. I. p. 416. Meine Anm. 6. p. 92. In der Malerei geflügelte Engel schon in den Mosaiken von Sta. Maria Maggiore.

— 111 —

Finden wir also einerseits die Sark.-Typen des V. Jahrh. über-
schritten, den Darstellungskreis erweitert, so bezeugt uns anderer-
seits die Gestalt Josephs, in wie lebendigem Kontakt mit der antiken
Tradition dieser Künstler noch stand. Joseph erschien bisher bei
der Magieranb. in Tunica und Pallium, nur selten in der Exomis[1]).
Hier wird er als Zimmermann mit der Säge dargestellt und ihm
folgerichtig auch die antike Handwerkertracht, die Exomis, gegeben.
Die Verwendung des Nimbus kennt der Künstler zwar[2]), aber er
sieht meist, wie die Sark.-Arbeiten, von der Verwendung dieses mehr
malerischen Attributes ab.

Danach glaube ich auf der Mailänder Tafel den Typ. der Geburt
Chr. zu sehen, den die ital. (Mailänder?) Kunst, etwa am Beginn
des VI. Jahrh.[3]) in Weiterbildung der Sark.-Typen aufstellte, und
als dessen wesentlichsten Fortschritt ich die Einführung Josephs als
officiellen Beisitzers des feierlichen Geburtsaktes betrachte. Den
frühesten Termin liefert dabei die Benutzung der in Italien wohl nicht
vor dem VI. Jahrh. allgemein verbreiteten[4]) Apokr., ein Herabrücken
aber in noch spätere Zeit verwehrt die unleugbar recht geschickte
künstlerische Behandlung des Elfenb., der frische Zusammenhang
mit Antike und Sark.-Sculptur, endlich die Beobachtung, dass in der
Folgezeit in Italien andere Einflüsse herrschend werden.

4. Es scheint nämlich neben diese alte, die Tradition der
Katakombensculptur fortpflanzende Schule im VI. Jahrh. eine zweite
getreten zu sein, welche, vom Osten beeinflusst, in Ravenna ihren
Sitz hatte. Ravenna bildete in Italien ein Sammelbecken für neue
Zuflüsse zum grossen Entwicklungsstrom. Die eigenartige Stellung der
Stadt seit dem Sinken des röm. Kaisertums beruhte auf der progressiv
sich steigernden Aufnahme oström. Elemente, unter stetem Rück-
gange der weströmischen.

Die Geburt Chr. treffen wir hier an dem für die christl. Typo-
graphie so wichtigen Elfenbeinstuhl des Bischofs Maximianus (Kat.
Nr. 53), der mit Wahrscheinlichkeit der Mitte des VI. Jahrh. zu-
geteilt wird[5]). Augenscheinlich ist bei der Geburtsdarst. desselben

Elfenbein-
stuhl von
Ravenna.

[1]) Vgl. meine Anm. 2. p. 66.
[2]) So trägt ihn auf dem Werdener Kasten der getaufte Christus.
[3]) Vgl. meine Einl. p. 48. und Anm. 7. das.
[4]) Nach de Rossi, Bull. 1865. p. 26. gehört die Tafel in das V. Jahrh.
[5]) Vgl. Kat. sub Nr. 53.

die Abkehr von den Sark.-Typen und dem Mailänder Elfenb., die
Uebereinstimmung dagegen mit den Monzeser Ampullen und der
Beschreibung des Choricius. Besonders lässt sich die Madonna mit
keiner der weström. vergleichen. Sie sitzt nicht auf dem Felsenthrone,
sondern liegt auf einem Polster hingestreckt, mit aufgestütztem
Arm den Oberkörper emporrichtend, mit der Hand den Schleier
fassend, in der Lage, die für Byzanz typisch und durch die genannten
Quellen auch schon für das VI. Jahrh. bezeugt ist. Diese Aehnlichkeit tritt bis ins Einzelne deutlich hervor. So liebt es die spätere
byzantin. Kunst, das die Füsse bedeckende Gewand der liegenden
Madonna maniriert spitz auslaufen zu lassen, derart, dass die Füsse
entweder gar nicht sichtbar werden (vgl. Kat. Nr. 23, 24, 36), oder
als letzte Zuspitzung des Gewandes aus demselben vorstossen (vgl.
Nr. 22, 26, 29, 31, 33). Unser Elfenb. zeigt schon die gleiche
Behandlung [1]). Auch die viereckige Krippe, die hochgemauert, nebst
dem darüber leuchtenden Stern und den zur Seite harrenden Tieren
erkennen wir als eine auf allen späteren byzantin. Miniat. und
Elfenb. stets wiederkehrende Form. Dagegen fehlt hier das Stall-
dach, an dem selbst noch das Mailänder Elfenb. festhielt. Ebensowenig ist aber eine Höhle angedeutet (wenigstens wage ich die un-
deutlichen Spuren auf dem Grunde der Platte nicht dafür zu erklären).
Doch scheint diese im VI. Jahrh. in Byzanz überhaupt noch nicht
gebildet zu sein, wie das Beispiel des syr. Codex, der Monz. Am-

[1])

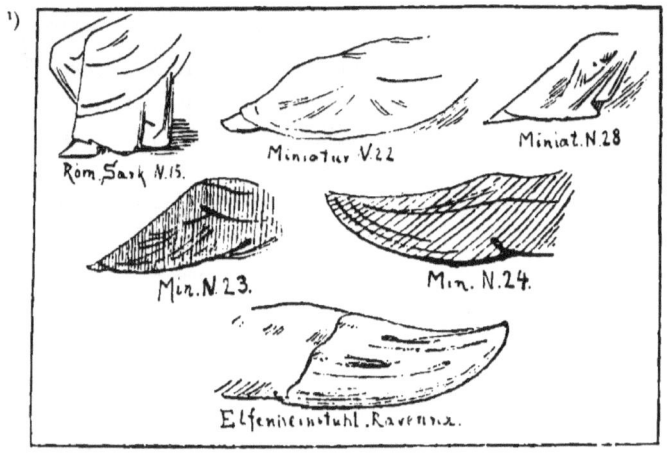

Röm. Sark. N.15. Miniatur V.22 Miniat. N.28

Min. N.23. Min. N.24.

Elfenbeinstuhl. Ravenna.

pulla und des Choricius beweist, und ihr Fehlen entspricht also dem damaligen byzantin. Brauche[1]).

Neu und höchst beachtenswert ist die Einführung der Salomelegende, die sich hier nicht an das Protevangel., sondern an den, wohl ursprünglich griechisch geschriebenen und erst seit dem VI. Jahrh. auch in Italien verbreiteten Pseudo-Matthäus hält. Endlich steht auch die Josephsgestalt keiner der bisher betrachteten so nahe, als dem Joseph des syr. Codex. Typisch ist daher dieses ravennatische Elfenb. von den gleichzeitigen abendländischen gründlich verschieden, hat dagegen mit den gleichzeitigen und späteren byzantin. so viele Analogien, dass wir eine innige Verwandtschaft mit den letzteren kaum bestreiten können. Abendländischen Einfluss könnte höchstens die Josephfigur verraten, da für diesen wenigstens kein unmittelbares Vorbild in der byzantin. Kunst sich findet, ebensowenig allerdings in der weström. Auch die Salomescene können wir in der vorliegenden Form auf byzantin. Originalen nicht finden. Da sie aber andrerseits nur auf solchen weström. Arbeiten vorkommt, die deutliche Kennzeichen byzantin. Einflusses tragen, auch die mit ihr meist vereinte Ammenscene und die liegende Madonna byzantin. Schöpfungen sind, so glaube ich doch für den oström. Ursprung jenes Motives eintreten zu müssen.

Schwieriger ist die Frage, ob wir es bei dieser Platte mit einer Originalkomposition zu thun haben. Die Annahme ist an sich unwahrscheinlich, wird aber widerlegt auch durch die Art, wie die Salomelegende hier wiedergegeben ist. Die ungläubige Amme legt ihre verdorrte Hand statt an die Krippe (wie die Apokr. vorschreiben) an den Arm Mariä, was zwar durch den beschränkten Raum erklärlich ist, uns aber zeigt, dass der Elfenbeinschnitzer gedankenlos genug war, um einen solchen, dem dogmatischen Gehalt der Legende völlig zuwiderlaufenden Verstoss unbeachtet zu lassen. Er wird somit nicht Erfinder, sondern Kopist sein. Ob aber eine in Ravenna nach byzantin. Vorlage gefertigte, oder eine aus Byzanz eingeführte Kopie vorliegt, das liesse sich wohl nur durch stilistische Vergleiche vor dem Original feststellen. Ich glaube das erstere.

Die Beziehungen dieser Tafel zu Byzanz erklären auch die Antiker Einfluss. zahlreichen Anklänge an die antike, hellenische Kunst, während die

[1]) Vgl. Kap. III. p. 122. A. 5.

den weström. Elfenb. eigenen Formen der Sark.-Skulpturen fehlen.
Antikisierend sind z. B. die Gewänder der Amme, der ärmellose,
gegürtete Chiton und um den Unterkörper gelegte Mantel, ebenso
die strengere Faltengebung im Mantel der Maria, wie auch die
Gewandfigur des Joseph trotz der starren, flächig-gradlinigen und
stark manirierten Behandlung noch an antike Gestalten mahnt.
Am schärfsten treten diese antiken Reminiscenzen auf einer mit
der unseren inhaltlich eng zusammengehörigen Tafel des ravennat.
Bischofstuhles hervor, die den Zug nach Betlehem darstellt. Maria
sitzt dabei auf dem Esel, den ein Engel führt, während Joseph, um
dessen Nacken sie den Arm legt, die Schwangere stützt. Die ganze
Situation erinnert lebhaft an die auf antiken Sark. beliebte bacchische
Scene, in welcher der alte Silen auf einem Esel reitend gebildet
wird, gestützt von einem Satyr, um dessen Nacken der trunkene
den Arm schlingt, während ein zweiter das Tier führt [2]). Für den
Silen ist hier die Madonna eingetreten, und zwar die bekannte Gestalt der thronenden Maria, die mit der Rechten den Schleier fasst.
Der linke Arm ist wie auf der bacchischen Scene um den Nacken
des Begleiters gelegt. Da die dionysischen Scenen grade beim Ableben der antiken Kunst auf Sark. noch einmal ausserordentlich beliebt waren [3]), so ist diese Entlehnung wohl erklärlich. Ueberdies
scheint jenes antike Vorbild auch in den Kreis der christl. Symbolik eingedrungen zu sein (?). Wenigstens treffen wir den esel-
reitenden Silen mit anderen, christl. Typen (Orantin, guter Hirte,
Pfau etc.) vereint auf einer Bleivase aus Tunis christl. Provenienz [4]).
   Ich glaube somit für die Geburt Chr. und die verwandten
Tafeln [5]) des Maximinstuhles sowohl stilistische und typologische

---

[1]) Abb. bei Garrucci, a. O. Kraus, Encykl. p. 73.
[2]) Abb. bei Clarac, Mus. II. pl. 188. Gerhard, ant. Denkm. Tav. 110, 1.; bes.
auch Venuti, Vet. Mon. Matth. Bd. III. Tav. 8, 2. Matz-Duhn, Nr. 2286, 2300,
2312, 2322. Eine ältere Form dieser Scene vgl. Baumeister, Denkm. d. klass.
Altert. p. 433.
[3]) Einzelne bacchische Scenen sind ja auch auf christl. Sark. beliebt.
[4]) Vgl. Mél. d'Archéol. et d'hist., École franç. de Rome III (1883) Tav. 10.
Garrucci VI. Tav. 178, p. 33. de Rossi, Bull. 1867. Man kopiert genau, z. B.
nicht selten auch die Schelle, welche den Hals des Esels zu schmücken pflegte,
worauf die christl. Erklärer auch diesen asinus tintinnabulatus symbol. auslegen
(cf. Kraus, Encyklop. sub asinus).
[5]) Vgl. auch die hierher gehörige Taufe Chr., bei Strzygowski, T. Chr. p. 15.
Tav. II, 8. gleichfalls byzant. Typ.

Anlehnung an hellenische Antike, als auch Benutzung byzantin. Vorbilder[1]) nachgewiesen zu haben, und darum dies Monument als byzantin., als eine mutmassliche ravennat. Kopie eines byzantin. Vorbildes behandeln zu dürfen.

5. Dass der byzantin. Einfluss aber nicht auf Ravenna be- *Pyxiden.* schränkt blieb, dürfte sich an den nunmehr zu behandelnden Elfenb. zeigen. Fünf derselben sind Pyxiden[2]). Diese schon der Antike bekannte[3]) und in frühchristl. Zeit nachgeahmte[4]) Gefässform scheint in der zweiten Hälfte des Jahrtausends zu sakramentalen Zwecken ausserordentlich beliebt gewesen zu sein. Nachdem aber für eucharistische Gefässe Metall als geeignetes Material kirchlich vorgeschrieben war (seit 813)[5]) scheint die Fabrikation derselben stark abgenommen zu haben[6]), obgleich sie später als Reliquiare noch vielfach Verwendung fanden. In den ersten Jahrh. scheint auch dieser Zweig der Elfenbeinplastik in hohem Grade von der Sark.-Kunst abhängig (vgl. die erwähnten Pyxiden, div. Jonasdarstellungen u. a.) und darum nach dem Untergange derselben führungslos und neuen Einflüssen zugänglich gewesen zu sein. Am nächsten den Sark. steht von unseren fünf Pyxiden diejenige von Rouen *Pyxis von Rouen.* (Kat. N. 54), die auf der einen Seite eine Magieranb., auf der anderen die Hirtenanb.[7]) enthält. Jene Magieranb. stimmt im Typ. völlig mit derjenigen eines Sark. in S. Ambrogio zu Mailand[8]) überein, ist aber in der Ausführung weit roher.

---

[1]) S. oben.
[2]) Vgl. Hahn, 5 Elfenbeingef., Hannover 1862. p. 2—5. Kraus, Encykl. I, 401. II, 676.
[3]) Vgl. Westwood, Fict. iv. p. 271, 272.
[4]) Vgl. Pyxis zu Bobbio, Westwood, p. 379, ferner die Berliner Pyxis, nach der Uebereinstimmung mit den Sark. des IV. Jahrh. von Westwood, Fict. iv. p. 272 in das IV. Jahrh. gesetzt. Ebenso im Kat. der christl. Bildwerke des Berl. Mus. Nr. 451. Von Aus'm Weerth, (vgl. auch Kraus, Encykl. I. p. 401) noch wie von Schnaase (Gesch. der bild. K. III. p. 95) in das III. Jahrb. gesetzt, von Hahn (5 Elfenbeingef. p. 46) in das II. oder III. Jahrh., von Ficker, Darst. der Apostel, p. 143 als griech. (!) Arbeit angesehen.
[5]) Vgl. Hahn, a. a. O. p. 4.
[6]) Nur zwei spätere Pyxiden bei Westwood, Fict. iv. p. 275.
[7]) Bei Kraus, Encykl. I. p. 408, Westwood, Fict. iv. p. 416 als Geburt Chr. aufgeführt.
[8]) Vgl. Garrucci, T. 329, 1.

Auch die Hirtenanb. scheint zunächst nur eine Wiederholung des bekannten Sark.-Typus, obgleich hier, neben den drei Magiern, auch drei Hirten dargestellt sind. Da aber der dritte (rechts) nur Replik des Nebenstehenden, unter Weglassung des Pedum ist, so braucht hieraus nicht auf eine neue Vorlage geschlossen zu werden. Die Formengebung erinnert an die Sark., an deren Hirtenfiguren auch die Tracht dieser Hirten[1]). Befremdend ist aber, dass dieselben hier auf den Stern hindeuten. Ebenso sehen wir sie auf der nachgenannten Werdener Pyxis, wo auch der Stern über ihnen erscheint. Eine dritte Pyxis zu Florenz[2]) lässt den dreien statt des Sternes den verkündenden Engel begegnen, wodurch die Aehnlichkeit mit der oström. Hirtenverkündigung eine schlagende wird. Vergegenwärtigen wir uns dazu, dass die Sark. für die Hirten nur die Anb., nicht aber Sternauffindung resp. Verkündigung kennen, dass letztere dagegen in Byzanz im VI. Jahrh. bereits ein stehender Typ. waren. Danach ist anzunehmen, dass die Verdrängung der in Westrom einst beliebten Hirtenanb. durch die sternfindenden Hirten stattfand infolge der Bekanntschaft mit den byzantin. Vorbildern.

Eine zweite Abweichung der Rouen-Pyxis von den Sark. zeigt sich in der Anordnung der Krippe. Dieselbe hat hier wie auf der nacherwähnten Werdener Pyxis (Kat. Nr. 55) eine eckige Form, zeigt Mauerfugen, und das Kind liegt darauf in einer Art Korbwiege[3]). Es liegt also eine Neubildung, oder eher noch eine Verbindung der alten weström. Korbform mit der viereckigen Steinkrippe vor, welche wiederum Kenntnis der byzantin. Krippenform vermuten lässt.

Werdener Pyxis.

Da diese Krippenform wie die Sternanffindung der Hirten auf der genannten Werdener Pyxis wiederkehren, so glaube ich an einen Zusammenhang zwischen beiden Pyxiden, die wohl der gleichen Schule angehören dürften, da die Pyxis von Rouen zwar roher in der Ausführung, aber ohne wesentliche stilistische Abweichungen erscheint.

---

[1]) Das Original zeigte wohl die Hirten mit entblösstem Oberkörper und um die Hüften gegürtetem Schurze, wie der linke Hirt der Werdener Pyxis zeigt. Daraus wird hier durch einen, den Hals umschliessenden Gewandsaum ein anschliessendes (ärmelloses?) Wams. Der Schurz wird wie bei den Magiern seitlich geschlitzt. Die über die Schulter fallenden Mäntel sind verständnislos behandelt.

[2]) Garrucci, 437, 5. Hier sind sie wieder als Pendant zu den drei anbetenden Magiern angebracht.

[3]) Eine ähnliche antike vgl. Mitt. des ath. Inst., 1885, p. 83.

Auf der Werdener Pyxis nimmt die Krippe in der angegebenen Form mit dem Kinde und den Tieren die rechte Hälfte des Bildes ein. Links sitzt Maria in der traditionellen, der Antike entnommenen Form, mit Tunica und über den Kopf gelegtem Mantel. Ob Felsen oder Zimmerdekoration für den Hintergrund gewählt sind, lassen die Abb. ebensowenig klar erkennen, als die Bedeutung des Sitzes der Maria. Aufschluss über diesen giebt erst ein Vergleich mit einer Berliner Pyxis (Kat. Nr. 58). Auf dieser erscheint Maria Berliner Pyxis. fast in gleicher Stellung, nur im Gegensinne, also nach links im Profil sitzend. Hinter ihr erhebt sich eine nach den Seiten abgerundete, mehrfach eingeschnürte Fläche, die sich deutlich als Polster erkennen lässt. Die gleiche Form zeigt aber auch der Hintergrund der Madonna auf der Werdener Pyxis [1]), wo demnach ebenfalls ein Polster dargestellt sein dürfte.

Diese Madonna auf dem Polster ist der dritte Punkt, in dem die Pyxiden byzantin. Einfluss vermuten lassen, hier aber mit höchster Wahrscheinlichkeit. Offenbar besass der Künstler nur Vorbilder für die sitzende Maria, und um nun die nach byzantin. Weise auf dem Polster lagernde darzustellen, behalf er sich, indem er das Polster hinter ihr vertikal aufrichtete, also in der denkbar primitivsten Weise. Der oder die Künstler der beiden Pyxiden halten sich offenbar an die alten weström. Ateliervorlagen. In drei Punkten aber weichen sie ab, und diese führen alle drei zu einer Annäherung an byzantin. Muster. Ich glaube daraus auf byzantin. Einfluss schliessen zu müssen.

Von einem Kopieren des byzantin. Schemas ist hier noch nicht die Rede. Der Stil ist noch der der alten weström. Schule. Man wird die beiden Pyxiden danach vielleicht in die zweite Hälfte des VI. oder Anfang des VII. Jahrh. [2]) setzen dürfen, da an einen Einfluss der in Ravenna erst Mitte des Jahrh. auftretenden byzantin. Typen wohl nicht früher zu denken ist. Jedenfalls scheinen sie später als das Mailänder Diptychon zu sein.

Bei Besprechung der Werdener Pyxis habe ich zwei Figuren Joseph auf
d. Werdener
Pyxis. derselben bisher unerörtert gelassen, welche das Hinausgehen über

---

[1]) Garrucci und Aus'm Werth lassen die Bedeutung unklar. Halb als Polster, halb als Fels erscheint der Sitz Mariä gezeichnet.

[2]) Nach Westwood p. 471 die Werdener Pyxis aus dem VI.—VII. Jahrh., die Rouen-Pyxis (vgl. p. 116) aus dem VII VIII. Jahrh.

das letzterwähnte Mailänder Diptychon illustrieren könnten. Zunächst den an der linken Seite angebrachten Joseph, der dort in würdevoller Haltung, mit wallendem Bart und jupitermässigem Haupte thront. Er ist nicht mit der Säge, sondern mit hohem Scepter, nicht mit der Exomis, sondern mit der Tunica und kunstvoll drapiertem Mantel ausgestattet, durchaus an die Gestalten der älteren Götter auf antiken Sark. erinnernd[1]).

Salome auf.
der Wer-
dener Pyxis. Dann die im Hintergrund zwischen Maria und der Krippe sichtbare, gleichfalls ganz antik gekleidete Halbfigur, deren Deutung streitig ist. Dieselbe hat verschiedene Auslegungen erfahren, ist bald für männlich[2]), bald für weiblich[3]), bald für einen Hirten oder für eine Personifikation des Lichtes[4]) erklärt worden.

Die meines Dafürhaltens weibliche Gestalt[5]) erhebt nämlich ihre rechte Hand unmittelbar neben der Maria, auf die sie herab blickt. Die Hand ist von Flammen umlodert[6]). Es liegt nahe, an die Legende von der Salome zu denken, deren Hand ja nach der frevelhaften Berührung Mariae vom Feuer verzehrt wurde. Da nach den Apokr.[7]) dieses Verbrennen der Hand mehr bildlich zu verstehen war, so folgte der Künstler vielleicht der ausführlicheren Darstellung eines der latein. Kirchenväter, etwa des hl. Zeno von Verona[8]), der in einer Rede[9]) über die Geburt

[1]) Auch diese Gestalt enthält Byzantinisierendes. Mit dem Scepter erscheint Joseph auf dem Maximinstuhl. Das Aufstützen des Kopfes in die Hand wird in Byzanz typisch (im VI. Jahrh. schon auf der Monz. Ampulla).

[2]) So von Westwood, vgl. im Kat.

[3]) So von Aus'm Weerth und Sacken, vgl. im Kat.

[4]) So von Sacken, in den Mitth. d. K. K. C. K. 1876, p. 50. Ebenso von Aus'm Weerth, vgl. Kat.

[5]) Vgl. den hochgegürteten, ärmellosen Chiton.

[6]) Weshalb v. Sacken sie für eine Personifikation des Lichtes erklärt! Sollten sich diese Flammen aber als missverstandene Hintergrundsandeutungen ergeben, so würde die Gestalt einfach als staunende Dienerin (Amme) oder vielleicht auch als staunender Hirt (?) erklärt werden können.

[7]) Protevangel. ed. Thilo p. 250. Kap. XX. καὶ ἰδοὺ ἡ χεὶρ μου πυρὶ φλέγεται — καὶ εὐθέως ἰάθη Σαλώμη. Pseudo-Matthäus, Kap. XIII. ed. Thilo, p. 380. Et cum tangeret, statim exaruit manus eius . . . . — et statim sanata est manus eius.

[8]) Ueber den hl. Zeno und dessen angebliche Reden vgl. Herzog und Plitt, Real-Encykl. sub: Zeno.

[9]) Zeno Veron. Serm. II. de nativ. Dom., Patrol. lat. ed. Migne Bd XI. p. 111. Die Autorschaft des Zeno wird bezweifelt, ihr Vorhandensein im VI. Jahrh. scheint gesichert.

Chr. der ungläubigen Salome die Hand in Flammen auflodern lässt[1]).

Entweder haben Schriftsteller und Künstler die Apokr. [2]) in gleicher Weise ausgelegt, oder der Künstler hat diese Reden gekannt, wie ja ein Beispiel für die Benutzung patristischer Litteratur seitens der bildenden Kunst von Georg Voss in seiner trefflichen Abhandlung über das jüngste Gericht [3]) aus den Homilien Ephrem des Syrers nachgewiesen ist.

Die Richtigkeit unserer Annahme vorausgesetzt, hätten wir in dieser Salomescene zuerst in einem Geburtsbilde der weström. Kunst einen Reflex des arianischen Kampfes, und zwar zu einer Zeit, da dogmatisch diese Häresie bereits überwunden war. Wir werden sehen, dass noch lange die apokr. Salomelegende als Beweis für die Göttlichkeit der Christgeburt und als Protest gegen jene Heterodoxie volkstümlich blieb, und erst im VIII. Jahrh. verschwand.

Ich hatte die Werdener Pyxis in das Ende des VI. Jahrh. gesetzt. Auch nach dem Vorstehenden glaube ich, dass sie kaum später als Anfang des VII. Jahrh. herab geht. Der röm. antike Charakter der Salomegestalt, die selbständige Benützung der Apokr., der weström. Stil, alles dürfte diese Annahme unterstützen. Wir werden sehen, dass im VII. und VIII. Jahrh. die ravennatisch-byzantin. Vorbilder stärker zur Geltung kommen.

6. Das zeigt sich an der Berliner (Kat. Nr. 58) und Wiener Pyxis (Kat. Nr. 57), endlich an einem bologneser Elfenb. (Kat. Nr. 56). Alle drei wiederholen das Salomewunder nach dem Vorbilde des Maximinstuhles, am unmittelbarsten aber die Berliner Pyxis.

Dieselbe enthält Verkündigung, Zug nach Betlehem und Geburt Chr. Während die latein. Elfenbeine [4]) die Verkündigung am Brunnen vor sich gehen lassen, sehen wir hier die spinnende Maria vom Engel begrüsst, welcher Auffassung die byzantin. Kunst den Vorzug giebt. Die Reise nach Betlehem deckt sich ziemlich genau mit der gleichen Scene des Maximinstuhles. Bei der Geburt

Berliner Pyxis.

---

[1]) Obstetricis incredulae periclitantis enixam, in testimonium reperta ciusdem esse virginitatis incenditur mauus. Qua tacto infante statim edax illa flamma sopitur.

[2]) Etwa den Pseudo-Matth. vgl. p. 118. Anm. 7.

[3]) Georg Voss, das jüngste Gericht, Lpzg. 1884.

[4]) Vgl. das Mailänder Dipt., Kat. Nr. 51.

fehlt Joseph, dagegen wiederholt sich die hohe, viereckige Krippe mit den Tieren und dem Stern, die Salome, welche hier kniet, die Maria auf dem Polster, das hier wieder ungeschickt so gebildet ist, dass Maria sitzt und die Matratze hinter ihr aufgerichtet steht. Es folgt die Figur eines Engels, die wohl nur zur Raumfüllung[1]) dient. Trotz enger Anlehnung an den byzantin. Typ. des Maximinstuhles ist diese Arbeit stilistisch betrachtet so überaus roh, und so weit von jeder Spur griech. Kunst entfernt, dass wohl die abendländische Kopie eines ravennat. Originals, jedoch von der Hand eines Stümpers, vermutlich des VII. oder VIII. Jahrh. [2]), vorliegt.

Wiener Pyxis. Etwas sorgfältiger gearbeitet ist die Pyxis des Wiener Antikenkabinetts (Kat. 57). Die Krippe mit Ochs und Esel und der wiederum knieenden Salome wiederholt sich. Das Kind ist nicht gewickelt, sondern der Schnitzer hat einfach den sonst auf dem Schosse der Maria während der Magieranb. thronenden Knaben auf die Krippe gelegt, der nun in vollem Ornat, im langen, benähten Kleidchen, mit segnend erhobener Rechten und angezogenen Knieen auf dem Steinbau ruht. Die Gestalt links wird für den sitzenden Joseph erklärt auf Grund einiger Bartspuren, die das stark abgeriebene Antlitz erkennen lassen soll. Falls aber, was bei der schlechten Erhaltung des Kopfes wahrscheinlich, hier ein Irrtum vorliegt, würde ich nach der Haltung derselben, nach der Art, wie die Figur die Rechte zum Haupte führt (als ob sie einen Schleier fasste) in ihr vielmehr eine Maria erkennen, in dem Reste des Sitzes unter ihr die Ueberbleibsel eines karrierten Polsters.

---

[2]) Solche bedeutungslose Lückenbüsser sind auf Pyx. wie auf Sark. nicht selten.

[3]) Westwood, Fict. iv. p. 453, und Kraus, Encykl. II. p 409, vermeiden jede Zeitangabe. De Rossi, Bull. 1865 (vgl. p. 64. Anm. 1.), nimmt das VI. Jahrh. an, der Berl. Kat. das VII. Jahrh. Der frühere Besitzer Hahn (vgl. 5 Elfenbeingef. p. 65) glaubte diese mit verwandten Pyx. in die Jahre 493—555 setzen zu müssen. Basilewsky, der mehrere Hahn'sche Pyx. erwarb, führt dieselben unter dem Kapitel „Katakombenkunst" an, und erklärt sie für gleichzeitig mit den Sark. (vgl. Coll. Basilewsky, Catal. rais. par A. Darcel et A. Basilewsky. Paris 1874. p. 26). Doch sind die chronol. Angaben dieses Kat. z. T. bedenklich. P. 60, wird z. B. als Probe des neugebildeten Stiles der justinianischen Epoche ein Elfenb. des XII. Jahrh. angeführt. Wenn ferner auf der ehemals Hahn'schen Pyxis Nr. 1. die römische Helmform eines Begleiters des Königs erwähnt wird, so ergiebt sich, dass die betreffende Figur mit gleichem Helme auf Sark. überhaupt nicht vorkommt (vgl. Garrucci V. Tav. 326, 3), dieser Helm vielmehr die bis in die karoling. Epoche übliche Sturmhaube (vgl. Hefner und v. Alteneck, Tav. 32) ist. Wegen der Helmform die Pyxis den Sark. gleich alt zu datieren, ist unzulässig.

In dieser Arbeit steckt trotz aller Roheit noch antikes Gefühl und die Herbheit der Faltengebung, die eigentümliche Stellung der Madonna auf der Magieranb., die Gestalt des Christusknaben auf der Krippe lassen den Gedanken an eine byzantin. Arbeit oder wenigstens an einen byzantin. geschulten Künstler (etwa in Ravenna) zu. Letzteres erscheint in Anbetracht der breiten, untersetzten Proportionen als das Wahrscheinlichste. An Güte der Arbeit wesentlich hinter dem Maximinstuhle zurückstehend, dürfte es etwa dem VII. Jahrh. angehören [1]), in das es auch typologisch am besten sich einreiht. Ungeschickter sind die byzantin. Vorbilder von dem Künstler der Bologneser Elfenbeintafel (Kat. Nr. 56) benutzt. Dass unter der Geburt Chr. drei auf den Stern deutende Männer angebracht sind, könnte ebensogut wie die dürftige Bogenarchitektur ihres Hintergrundes noch an die Sark. erinnern. Sonst sind diese Anklänge aber fast verschwunden. Jene sternfindenden Männer sind nicht mehr die Magier, sondern nach neuem Brauche die Hirten, welche auch nicht mehr Pedum und Exomis, sondern, wie auf griech. Miniat., lange Stäbe und Kittel tragen. Auch die Geburt hat die früher beliebte Form verloren. Die Krippe ist jetzt viereckig und der Stern ruht auf ihr, Joseph sitzt mit gestütztem Haupt, Maria liegt auf einem Polster [2]) in absonderlicher Perspektive. Zur Rechten aber erscheint eine Frau von halbschwebender Stellung vor der Krippe, mit erhobenem Arm, wohl die Salome. Unter dieser bemerken wir die von byzantin. Miniat. her wohlbekannten Geräte, eine Schale und eine Kanne, bekanntlich die Symbole der Badescene [3]). Da wir die letztere auf datierten Monumenten erst seit dem VIII. Jahrh. nachweisen können, dagegen die Salomefigur im IX. Jahrh. verschwunden ist, so stammt unser Elfenb. vermutlich aus dem VIII. Jahrh. [4]). Seinem Stil nach gehört es jedenfalls einer ital. Schule an [4]).

7. Dass die Geburt Chr. nicht zu den von der altchristl. Malerei bevorzugten Scenen gehörte, ist bereits erwähnt [5]). Selbst

Bologneser Elfenbeintafel.

Weström. Malerei.

---

[1]) Vgl. Kat.
[2]) Unter dem Polster befinden sich zwei Stützen, wohl zur Andeutung der Bettstelle. Da dem ital. Arbeiter die Form des auf der Erde liegenden Polsters ungewohnt erschien, suchte er durch diese Bettfüsse daraus eine Bettstelle zu machen.
[3]) Vgl. p. 95. Anm. 2.
[4]) Westwood, Fict. iv. p. 361. Nr. 2. „Early Italian, 7th. or 8th. century.
[5]) Vgl. Kap. III. p. 108.

an den der Maria als Gottesgebärerin geweihten Stätten, die ein Cyklus von Bildern aus der Kindheitsgeschichte Chr. schmückt, wird grade die Geburt ausgelassen, wie Sta. Maria Maggiore zu Rom zeigt (432—440 mosaiciert [1]). Erst aus dem Anfang des VIII. Jahrh. erfahren wir von einer musivischen Darstellung der Geburt in der Kapelle Johanns VII. im alten St. Peter zu Rom (Kat. Nr. 59), also zu einer Zeit, da die altchristl. monumentale Malerei bereits fremde Einflüsse aufgenommen [2]). Nachdem ich bereits im Kat. eine Rekonstruktion des jetzt zerstörten Bildes versucht habe [3]), kann ich nun auf die überraschende Aehnlichkeit desselben mit dem byzantin. Typus der nachjustinianischen Periode hinweisen. Die auf dem Polster lagernde Madonna, der kauernde Joseph, die zwei badenden Ammen [4]), die hohe viereckige Steinkrippe mit den Tieren, der davor knieenden Salome, ja sogar der grosse, sonnenartige Stern, endlich im Hintergrunde die Verkündigung an die Hirten, sind hier vereint. Vielleicht dürfen wir auch aus dem Vorhandensein felsigen Terrains auf eine, von den Kopisten übersehene Höhle schliessen [5]). Eine so unbedingte Anlehnung an byzantin. Vorbilder in einer Hauptkirche der röm. Christenheit zum Beginn des VIII. Jahrh. ist von höchster Bedeutung, auch für die spätere Entwicklung der ital. Geburtsbilder.

Fresko im Coemet. St. Valentini. Fragmente einer gleichen Komposition, die Salomescene und die badenden Ammen [6]), sind in einem späten Fresko des Coemet.

---

[1]) Da auch in den Katak. jede Geburtsdarst. fehlte (nur die Krippe allein in S. Sebastiano), so ist wohl die Annahme erlaubt, dass die weström. Malerei so lange sie von fremden Einflüssen frei war, dieses Thema vermied.

[2]) Vgl. Crowe und Cavalcaselle, Gesch. der Mal. Bd. 1. p. 36, 39 etc., vgl. auch Springer in der Einl. zu Kondakoff, p. 15 sqq.

[3]) Vgl. Kat. Nr. 59, Abb. 59 c.

[4]) Die von Didron, Man. d'iconogr. chrét. p. 158. Anm. 2. behauptete Abhängigkeit der Badescene von Simeon Metaphrastes († 977) ist bereits durch Dobbert (im Jahrb. a. O.) auf Grund dieses Fresko zurückgewiesen.

[5]) Doch kann die Höhle auch hier noch gefehlt haben, da sie sich weder im syr. Codex, noch auf der Monz. Ampulla, bei Choricius oder dem Maximinstuhle findet. Nachweisen können wir die Höhle erst auf Bildern des VIII. Jahrh., seitdem allerdings als stehenden Hintergrund byzantin. Geburtsdarstellungen. Dieses späte Auftreten ist um so merkwürdiger, als die orientalische Tradition schon seit dem II. Jahrh. die Höhle als Geburtsort nennt (vgl. Just. Mart. Dial. c. Tryph. Kap. 78), auch seit dem IV. Jahrh. diese Höhle in Bethlehem verehrt wird, über der Kaiserin Helena eine Kirche errichtet haben soll (vgl. Tobler, Betlehem, und Usener, a. O. p. 283).

[6]) Neben einer derselben steht der Name „SALOMEV", vgl. Katalog.

St. Valentini (Kat. Nr. 60) erhalten. Sie bieten zwar nichts Neues,
lassen aber volle Uebereinstimmung mit dem zuvor erwähnten Mosaik,
ohne jede Benutzung der weström. Typen, erkennen. Das Mosaik
der Johannkapelle ist somit kein vereinzeltes Beispiel dieses byzantin.
Typ. in der späteren weström. Malerei, wie derselbe ja auch in der
Plastik teilweise wiederkehrt. Gegen die übliche Datierung des
Fresko in das VII.—VIII. Jahrh. [1]) ist nichts einzuwenden, eine
genauere Bestimmung verwehrt die Mangelhaftigkeit des Originals
wie der Reproduktionen.

8. Ein Rückblick ergibt, dass die frühitalienische (weströmische Rückblick.
Elfenbeinschnitzerei als eine Fortsetzung der Sark.-Skulptur auftritt, Westrom.
an deren letzten Typ. der Geburt Chr. sie anknüpft, um ihn im
VI. Jahrh. (oder Ende des V.) noch einmal umzugestalten (Mailänder
Dipt. und Werdener Kasten). Eine bleibende Grundform, wie sie
die byzantin. Kunst schon seit den Zeiten Justinians auszeichnete,
wird aber damit nicht erlangt. Statt dessen tritt im VI. Jahrh. ein
Schwanken zwischen den altüberlieferten und den neu importierten
Vorbildern ein, resp. ein Bemühen, die alte Schultradition zu pflegen [2]),
sie aber dem veränderten Glauben und Geschmacke der Zeit entsprechend weiter zu gestalten.

Apokryphen, Legenden, patristische Litteratur gewinnen Beach-
tung, verdrängen die schlichten Erzählungen der Bibel und verlangen
eine Neubearbeitung der Stoffe, wozu doch die weström. Künstler
ohne fremde Anleitung nicht mehr fähig waren.

In den Pyxiden von Rouen und Werden überwiegt noch die
weström. Art. Doch werden statt der Magieranb. die Hirtenverkündigung und andere Byzantinismen angenommen, der Stern zum
stehenden Schmuck der Krippe erhoben.

Seit Ende des VI. Jahrh. wird aber der byzantin. Einfluss auch
in dieser Kleinkunst durch die Vermittlung von Ravenna (Elfenbeinstuhl des Maxim.) immer mehr fühlbar, jedoch ohne den selbstständigen, oder, wenn wir so wollen, nationalen Charakter der ital.
Elfenbeinschnitzerei gänzlich vernichten zu können. Auch jetzt noch
werden die fremden Vorbilder nicht immer streng kopiert, sondern
freier benutzt. Aber die Einführung der Salomescene, der auf der

---

[1]) Vgl. Kat.
[2]) D. h. die altgewohnten Ateliervorlagen weiter zu benutzen.

Matratze lagernden Madonna neben der sterngeschmückten viereckigen Krippe (Pyx. zu Berl., Wien; bologn. Tafel) geben dem Typ. doch einen vorwiegend byzantin. Charakter.

Diesem Schwanken gegenüber ist es um so wichtiger, dass die Karolingerkunst endlich wieder eine feste abendländische Form der Geburtsbilder schafft, und dabei auch z. Teil eben an jene selbstständigen (oder nationalen) Regungen anknüpft, wie ich im nächsten Kapitel darzulegen denke [1]).

Während so in den Kreisen des Kunsthandwerkes (Elfenbeinarbeiter) noch die alte Schule nachwirkte, verliert die Malerei, speziell die führende musivische Kunst, die Kraft, sich zu regenerieren. Wir sehen sie, in Rom wenigstens, im VIII. Jahrh. die byzant. Vorbilder der Geburt Chr. schlechtweg kopieren [2]).

Das dürfte im wesentlichen die Entwicklung der Geburt Chr. in der weström. Kunst des VI.-IX. Jahrh. gewesen sein [3]).

Oström. 9. Während ich im vorliegenden Kapitel die Werke der weström. Kunst untersuchte, gingen daraus eine Reihe von Beiträgen zur oström. Typengeschichte hervor. Passen wir diese in die früher konstatierte Entwicklungsreihe ein, so füllen sie einen wichtigen Abschnitt, die Periode der justinianischen Kunst und ihren Verlauf bis zur Mitte des VIII. Jahrh. Wir können nunmehr die Entwicklungsgeschichte der Geburt Chr. in der oström.-byzantin. Kunst in vier Perioden zerlegen.

[1]) Wie die Sark.-Skulptur wird vermutlich auch die Elfenbeinschnitzerei des VI.- IX. Jahrh. nicht nur in Italien, sondern auch in Südfrankreich heimisch gewesen sein. Es mag daher ein oder das andere der von mir als ital. bezeichneten Elfenbeine fränkischen Ursprungs sein, ohne dass ich mit den vorhandenen Mitteln hierüber zu entscheiden vermag.

[2]) Eine etwaige stilistische Unabhängigkeit vermag ich nicht zu kontrollieren.

[3]) Die von Aus'm Weerth (Kraus, Encyklop. I. p. 402) gegebene Anordnung der ital. Elfenbeinarbeiten nach Schulen würde also etwa dahin zu ergänzen sein: 1. Die erste, „der antik-röm. Kunst entwachsene Schule" herrscht bis in das VI. Jahrh.

2. als Hauptwerk einer, von byzantin. Einflüssen nicht freien, aber vollständig (!?) selbstständigen oberital. Schule" darf nicht der ravennat. Bischofsstuhl angeführt werden. Dieser, resp. die Platten der Rücklehne desselben, sind grade Beweisstücke für eine in Ravenna herrschende byzantinisierende Schule.

3. Neben der sub 2 citierten byzantin.-ravennat. darf dann die ital. (oberital. ?) Schule des VI.—VIII. Jahrh. als in der Formengebung unabhängig, in den Typ. aber steigend von Byzanz beeinflusst, aufgezählt werden. Im übrigen vgl. die folgenden Kap.

Neben die älteste oström. Form, wie sie uns in dem syr. Codex der Laurentiana erhalten sein dürfte [1]), tritt im VI. Jahrh. (seit Justinian?) der Typ. der zweiten Periode, der ausser der Krippe mit den Tieren und dem Sterne die liegende Maria und den sitzenden Joseph enthält (Monz. Amp., Choricius). Gleichzeitig sehen wir an einer, griech. Einfluss zugänglichen Stelle die Salomegeschichte dargestellt (ravennat. Stuhl), mit der vielleicht schon damals die Badescene verbunden wurde [2]). Wenn danach Salomescene und liegende Madonna gleichzeitig aufkamen, so glaube ich weitergehend annehmen zu dürfen, dass die Darstellung der Salomelegende die Ursache wurde, warum man Maria nicht mehr, wie früher, sitzend, sondern liegend bilden musste. Nur die auf dem Polster lagernde Wöchnerin entsprach ganz den realistischen Anforderungen jener Legende.

Endlich treten nach 700 alle die erwähnten Elemente mit Einschluss der Ammen und der Hirtenverkündigung zu einer Komposition verbunden auf in dem Mosaik der Kapelle Johanns VII., und damit ist der bis dahin vielleicht noch in der Fortbildung begriffene zweite Typ. fixiert.

Soweit wir erkennen können, lässt dann das ausgehende VIII. Jahrh. [3]), das für die byzantin. Kunst durch die Unruhen des Bilderstreites von besonderer Bedeutung wird, die Salomescene [4]) fallen, nimmt die Höhle, die sternanbetenden Engel und die Ammen-

---

[1]) Ueber das Verhältnis zur altchristl.-oström. Kunst vgl. Kap. II. p. 90).

[2]) Nachweisbar ist sie seit 705. Wenn sie nicht damals erst auf Grund einer neuen Legende oder erneuter Auslegung einer alten Legende erfunden ist, kann sie vielleicht bereits mit Aufnahme der liegenden Madonna eingeführt sein. Man entnahm dann wohl den ant. Vorbildern mit der liegenden Mutter auch gleich die (im Apokr. nicht erwähnten) dienenden Ammen, wenn diese nicht einfach eine der Gewohnheit nachgebildete Erfindung der Zeit sind.

[3]) Das zweite Konzil zu Nicäa (787) wendet sich noch einmal gegen die Häretiker, welche die fleischliche Vorstellung von Christus und somit auch die bildliche Darst. verwarfen, vor allem die Darst. der fleischlichen Geburt (vgl. Grim. de Saint-Laurent. Guide de l'art chrét., Par. 1872. Bd. I. p. 120). Gegen diese Darst. mochten die Bilderstürmer bes. energisch vorgegangen sein, da uns auf byzantin. Gebiet nur die eine des syr. Codex aus der älteren Zeit erhalten ist. Mit dem Erlöschen jener Häresien verschwindet auch die Salomescene.

[3]) Da auch die weström. Kunst nach 800 die Salome nicht mehr darstellt, so dürfte sie um diese Zeit aus der gesamten christl. Kunst ausgeschieden sein, und nur die Ammenscene blieb zur Ausschmückung der Geburtsscene zurück.

scene als integrierende Bestandteile auf, und es beginnt um 800 die dritte Periode, welche durch Einschaltung neuer Personen und Scenen den Ausbau des Typ. herbeiführt.

Seit dem XI. Jahrh. wird das neugeschaffene Element der anbetenden Engel stetig vermehrt, und um den ganzen Vorgang immer mehr des naturalistischen Charakters zu entkleiden, lässt man die Krippe endlich fast verschwinden vor der Glorie anbetender Geschöpfe, da später, wohl seit dem Beginn des XII. Jahrh., auch die Magier aufgenommen werden. Aus der einfach historischen Schilderung des Geburtsvorganges wird schliesslich eine grossartige, mit aller himmlischen Prachtentfaltung gefeierte Ceremonie, eine heilige Handlung, zu der die Gläubigen von Himmel und Erde zusammenströmen.

Die vierte Periode umfasst dann die vom Abendlande beeinflusste neugriechische und russische Kunst.

Die Entwicklung der Typen in Ostrom und Westrom scheint hiermit nachgewiesen, und es dürfte die Möglichkeit gegeben sein, diese so deutlich zu scheiden, dass wir darauf die Geschichte der Geburt Chr. im Abendlande seit der Karolingerzeit basieren und den Nachweis versuchen können, ob und wie weit das Fortleben der lateinischen und das Eindringen der griechischen Formen die selbständigen Bildungen der mittelalterlichen Kunst beeinflusst hat.

Diesem Versuche wird der zweite Teil meiner Abhandlung gewidmet sein.

Register.